Coleção
Direito Penal e Criminologia

Direção
Íñigo Ortiz de Urbina
Ramon Ragués
Luís Greco

DIREITO PENAL
E TEORIA DAS NORMAS

Estudos críticos sobre as teorias do bem jurídico,
da imputação objetiva e do domínio do fato

Joachim Renzikowski

DIREITO PENAL E TEORIA DAS NORMAS

Estudos críticos sobre as teorias do bem jurídico, da imputação objetiva e do domínio do fato

Organizadores

Alaor Leite, Adriano Teixeira e Augusto Assis

Marcial Pons

MADRI | BARCELONA | BUENOS AIRES | SÃO PAULO

Coleção
Direito Penal e Criminologia

Direção
Íñigo Ortiz de Urbina | Ramon Ragués | Luís Greco

Direito Penal e teoria das normas: estudos críticos sobre as teorias do bem jurídico, da imputação objetiva e do domínio do fato
Joachim Renzikowski

Organizadores
Alaor Leite, Adriano Teixeira e Augusto Assis

Tradução
Alaor Leite, Adriano Teixeira e Augusto Assis

Preparação e Editoração eletrônica
Ida Gouveia / HBLYZ / Oficina das Letras®

CIP-Brasil. Catalogação na Publicação
Sindicato Nacional dos Editores de Livros, RJ

R334d

Renzikowski, Joachim, 1961
Direito penal e teoria das normas : estudos críticos sobre as teorias do bem jurídico, da imputação objetiva e do domínio do fato / Joachim Renzikowski ; organização e tradução Alaor Leite, Adriano Teixeira, Augusto Assis. - 1. ed. - São Paulo: Marcial Pons, 2017.

ISBN 978-85-66722-42-0

1. Direito Penal. 2. Processo penal. 1. Leite, Alaor. II, Teixeira, Adriano. III. Assis, Augusto. IV. Título.

17-42395 CDU:343.1(81)

Av. Brigadeiro Faria Lima, 1461, Torre Sul, 17/8 Jardim Paulistano
CEP 01452-002 São Paulo-SP
☎ +55 (11) 3192.3733 www.marcialpons.com.br

Impresso no Brasil

PREFÁCIO[1]

Quando questionadas por brasileiros em Munique, pessoas desavisadas possivelmente pensam nos jogadores de futebol do Bayern de Munique: Jorginho, Zé Roberto, Dante. Contudo, de algum tempo para cá, reuniram-se por lá alguns jovens altamente talentosos que sacodem a um tanto empoeirada ciência jurídico -penal e trazem ventos frescos à dogmática penal alemã. Para mim é uma grande honra, portanto, que eles tenham traduzido alguns dos meus trabalhos e os tenham reunido na presente obra. Os meus sentimentos são definitivamente ambivalentes. Afinal, esta dívida eu não conseguirei quitar.

Durante um longo período, a ciência jurídico-penal alemã permanecia autocentrada e mal tomava conhecimento das discussões travadas no exterior. Quem quisesse informar-se sobre a enriquecedora tradição de Binding, Liszt ou Welzel deveria obrigatoriamente ler os seus textos. A língua da ciência jurídico-penal era o alemão! Isto alterou-se há algum tempo, e por três razões. A primeira delas: enquanto as considerações fundamentais acerca dos princípios do direito penal, em razão das quais a dogmática penal alemã ficou mundialmente famosa, atualmente seguem sendo desenvolvidas e discutidas em outros países, a ciência jurídico-penal alemã dedicou atenção, no período posterior a Jakobs, Roxin e outros grandes do passado, a outros temas. A controvérsia entre causalistas, finalistas, funcionalistas e outros "istas" esgotou-se e aparenta estar encerrada.

1. Tradução dos Organizadores.

Além disso, considerações sobre os fundamentos possuem antes de tudo uma característica: são imensamente árduas! Resultados rápidos – também de natureza econômica – podem ser alcançados em outros âmbitos. Nesse contexto, quatro jovens cientistas brasileiros vêm à Alemanha em busca dos fundamentos – e irrigam a discussão com novos impulsos. Onde estão, porém, os seus interlocutores neste país? O segundo ponto de vista é a minha notória deficiência em línguas estrangeiras – possivelmente uma desculpa um tanto quanto pobre...

O terceiro ponto trata daquilo com que os estimados leitora e leitor depararão no presente volume. A maior parte é heresia: rejeição da teoria do bem jurídico, negação da teoria da imputação objetiva, crítica à teoria do domínio do fato – todas elas figuras dogmáticas exportadas pela Alemanha às mais diversas culturas jurídico-penais. O ponto de partida central das considerações que seguirão é a distinção entre normas primárias de comportamento, que são direcionadas aos cidadãos (por exemplo, "não matarás!"), e normas secundárias de sanção, que são direcionadas ao Estado (por exemplo, "aquele que matar outrem será punido"). Justamente na análise das normas primárias de comportamento via Binding o ponto de partida para o seu sistema jurídico-penal. Esta concepção dualista das normas é, contudo, muito mais antiga. É possível dizer que o filósofo do direito inglês Jeremy Bentham foi o primeiro a tê-la trabalhado, apoiado, por sua vez, na filosofia do direito e do Estado de Thomas Hobbes. E quem fala em Hobbes precisa pensar em Samuel Pufendorf. Este capítulo ainda não está escrito, mas ele ilustra que a teoria das normas é capaz de servir de fundamento para uma dogmática penal universal, como instrumento para a análise de problemas dogmáticos, ainda que as soluções nas culturas jurídico-penais, individualmente consideradas, possam divergir entre si.

A minha crítica à ciência jurídico-penal alemã tradicional é resultado de um desenvolvimento. Em minha tese de habilitação "Restriktiver Täterbegriff und fahrlässige Beteiligung"[2*] (1997)

2. *(N.T.): A habilitação, em regra um pré-requisito para se tornar professor na Alemanha, é uma tese feita após a tese de doutorado. Portanto, um trabalho que equivaleria a uma tese de livre-docência. O título da obra citada por Renzikowski, que não foi traduzida para o português, poderia ser traduzido da seguinte forma "Conceito restritivo de autor e participação nos delitos culposos" – ainda que participação não seja a tradução mais precisa de "Beteiligung", que é conceito mais abrangente, uma participação em sentido amplo.

ainda não ousara abalar os pilares dos conceitos da causalidade e da imputação objetiva. De lá para cá, essa situação de alterou em decorrência de uma simples experiência de sala de aula. Quando se pergunta aos estudantes primeiro-anistas se eles podem imaginar que a avó de Christian Thomasius (fundador da universidade de Halle) – o seu avô naturalmente também – é fator causal para eles estarem neste momento sentados na sala de aula de Direito Penal I, depara-se na melhor das hipóteses com incompreensão, quando não se é tido por louco. Infelizmente, este lampejo de sanidade logo desaparece em meio ao direito – embora o conceito de causalidade equivalente aqui esboçado não seja defendido em nenhum outro lugar, certamente não nas ciências naturais e muito menos na filosofia. A teoria da equivalência, por ignorar a distinção lógica entre condições necessárias e suficientes, é a base para a teoria da imputação objetiva. Estivesse claro que os avós do autor, da vítima, mas também o produtor da arma do crime, etc. nada têm a ver com o assassinato, não seria necessário esclarecer de forma autônoma que criar uma criança não consiste em um risco juridicamente não permitido para qualquer dos membros das gerações futuras. Ao contrário, a pergunta sobre se determinada ação é proibida pode ser certamente reformulada a partir da teoria das normas. Por fim, sobre a teoria do domínio do fato: se a teoria da imputação objetiva substitui a equivalência das condições pela equivalência das condições não permitidas, então não há mais espaço algum para um domínio do fato. De onde este critério deve ser extraído, de onde ele deve receber o seu significado? – completamente a despeito de a metáfora da "figura central do acontecer típico" não ser um conceito. Precisamos, isso sim, é de regras de imputação que expliquem por que uma pessoa além do último causador pode ser responsabilizada pelo delito.

Tendo a teoria das normas como ponto de partida, é possível sistematizar as questões aqui esboçadas. Todas as normas de comportamento devem ser fundamentadas, e o devem sê-lo em conformidade com o art. 2, item 1 da Constituição alemã,[3*] a partir do "direito de

3. *(N.T.): Esse dispositivo da Constituição Alemã – em tradução livre – diz: "Cada um tem o direito ao livre desenvolvimento de sua personalidade, na medida em que não lesione os direitos de outros e não viole a ordem constitucional e a lei moral" (Jeder hat das Recht auf die freie Entfaltung seiner Persönlichkeit, soweit er nicht die Rechte anderer verletzt und nicht gegen die verfassungsmäßige Ordnung oder das Sittengesetz verstößt).

outrem". O conceito de direito (subjetivo) é mais preciso do que a teoria do bem jurídico, fixada em acontecimentos lesivos. Afinal ele contém uma relação tríplice: a relação do detentor do direito com o objeto do direito e também com o terceiro. Todo detentor de direito pode dispor do objeto do seu direito e excluir a interferência de outros. Materialmente, um delito é o desrespeito a esta função de exclusão, inerente à toda posição jurídica. Assim, não se trata mais de explicar um dano enquanto resultado de uma cadeia de acontecimentos, mas o que precisa ser explicado é apenas a alteração do objeto do direito ocorrida contra à vontade do seu detentor. Um conceito de causalidade precisa descrever esta conexão. O caminho para um conceito restritivo de fato enquanto requisito de uma descrição diferenciadora de responsabilidades fica, assim, claro.

Por fim, agradeço novamente aos tradutores e à editora pela oportunidade de apresentar minhas teses no Brasil. Eu ficaria feliz se a publicação desta obra pudesse servir de impulso a uma discussão crítica. Afinal, algo está desde logo claro: a busca pelo melhor sistema penal não se encerra nunca.

Halle, maio de 2014.

JOACHIM RENZIKOWSKI

APRESENTAÇÃO

A discussão em torno dos conceitos fundamentais da teoria do delito é muito mais rica do que por vezes se deixa transparecer. É natural que apenas os autores de já consagrada produção sejam preferencialmente traduzidos e citados, o que passa ao público destinatário a falsa impressão de que a discussão internacional se limita a esses autores. No direito penal alemão, estes são, claramente, Welzel, Roxin e Jakobs. O livro que o leitor tem agora em mãos é parte de um projeto maior, iniciado por Luís Greco com a tradução do livro de Puppe,[1] que visa, por meio de traduções diretas, dar conhecimento ao público brasileiro da intensa e ampla discussão sobre categorias fundamentais do direito penal que corre fora de nosso país, de modo que possamos sobriamente avaliar o que devemos e o que não devemos recepcionar.

O desenvolvimento da ciência jurídica brasileira não pode se dar ao largo do que se discute atualmente fora de nosso país: as melhores soluções para os nossos problemas devem levar em conta – sem partir, evidentemente, para um transporte puro e simples – o arsenal de soluções que se apresentam pelo mundo. Quanto maior for o número de traduções dessas obras, maiores são as chances de formarmos uma discussão nacional aberta e esclarecida. A compreensão da amplitude das discussões ajuda igualmente a evitar

1. Puppe, *A distinção entre dolo e culpa*, trad. Luís Greco, São Paulo, 2004. Recentemente, foi publicada coletânea de estudos de Schünemann organizada por Luís Greco e traduzidas por penalistas com contato direto com o autor: Schünemann, *Estudos de direito penal, processo penal e filosofia do direito*, São Paulo, 2013.

que a autoridade individual de determinados autores seja superestimada, contribuindo para que se sobressaia o fundamental em discussões científicas: as razões, os argumentos.

I. Sobre o autor e sua obra

Joachim Renzikowski pareceu-nos o perfeito candidato, especialmente pela originalidade e pela profundidade de suas ideias.

A obra de Renzikowski é intrigante. O seu posicionamento sistemático diverge frontalmente daquilo que se convencionou chamar, não sem algum grau de imprecisão, de funcionalismo. Renzikowski é o autor alemão contemporâneo que com maior vigor defende a necessidade de pensar as categorias do direito penal a partir da *teoria das normas*, uma tradição que remonta ao final do século XIX, com Karl Binding. Essa posição sistemática implica alterações bastante concretas em algumas categorias da teoria do delito, como o leitor verá: uma crítica fundamental à teoria do bem jurídico e à teoria da imputação objetiva, a proposição de um conceito normativo de causalidade, a crítica à teoria do domínio do fato e uma nova conformação da autoria e da participação, e a fusão das categorias do injusto e da culpabilidade, meticulosamente separadas ao longo da tradição jurídica alemã. A linguagem simples e a referência a alguns casos ao longo do livro ilustrarão as consequências concretas desse novo aporte de Renzikowski, que não se pretende meramente estético e que submete uma série de conceitos a uma revisão.

Renzikowski nasceu em 1961, em Erlangen, Alemanha. Sua tese doutoral, publicada no ano de 1994, cuidou dos problemas gerais das causas de justificação no direito penal – especialmente a legítima defesa e o estado de necessidade –, desde uma perspectiva bastante influenciada pela teoria do direito e, em especial, pela teoria das normas.[2] Sua tese de livre-docência enfrentou alguns dos problemas mais complexos da dogmática da autoria e da participação e fundamentou de forma completamente original o chamado conceito restritivo de autor, além de investigar a fundo os problemas da participação nos delitos culposos.[3] Ambos os trabalhos foram escritos

2. Renzikowski, *Notstand und Notwehr*, Berlin, 1994.

3. Renzikowski, *Restriktiver Täterbegriff und fahrlässige Beteiligung*, Tübingen, 1997. As discussões metodológicas e a critica que o autor faz à chamada "dogmática

em Tübingen. Atualmente, Renzikowski é professor catedrático de direito penal, filosofia e teoria do direito na Universidade de Halle an der Saale, cargo que ocupa desde 1998.

Mais recentemente, veio ao público o detalhado – a obra contém mais de 2.800 páginas – comentário ao código penal alemão organizado por Renzikowski em conjunto com outro penalista, no qual o nosso autor comentou uma série de dispositivos dos mais relevantes para a teoria do direito penal.[4] Em outro relevante comentário, o autor anota em minúcia os arts. 5.º e 7.º da Convenção Europeia de Direito Humanos (= CEDH), que dispõem respectivamente sobre o direito à liberdade e segurança e sobre o princípio da legalidade.[5] Muito recentemente, o autor herdou parte do famoso manual de Maurach, especificamente o capítulo referido à autoria e à participação.[6]

Além desses grandes projetos, o autor destaca-se por outras linhas de pesquisa. Na parte especial do direito penal estão os seus estudos sobre os delitos sexuais[7] e sobre o tratamento penal da prostituição. Sobre este último tema, Renzikowski escreveu interessante parecer a pedido do governo alemão, destinado ao ministério da família, idosos, mulheres e jovens, em 2007.[8] Ainda na parte geral, o autor possui estudos interessantes sobre temas clássicos, como o

funcionalista do delito" estão na p. 50 e ss.

4. MATT/RENZIKOWSKI, *Strafgesetzbuch – Kommentar*, München, 2013.

5. Em KARL/LOSEBLATT (orgs.), *InternationalerKommentar zur Europäischen Konvention der Menschenrechte und Grundfreiheiten*, 7ª atualização, 2004, art. 5.º (164 p.); 12ª atualização, art. 7.º (68 p.).

6. Em MAURACH/GÖSSEL/ZIPF, *Strafrecht, Allgemeiner Teil*, tomo 2: Erscheinungsformen des Verbrechens und Rechtsfolgen der Tat, 8. ed., 2014. Renzikowski atualizou os capítulos 12 e 13.

7. Consubstanciados nos comentários à quase todos os dispositivos referentes aos delitos contra a autodeterminação sexual (§§ 174-182 do Código Penal alemão = StGB) no prestigiado Münchener Kommentar zum Strafrecht, JOECKS/MIEBACH (orgs.), tomo 2/2, München 2005, p. 1039-1311.

8. RENZIKOWSKI, Reglementierung von Prostitution: Ziele und Probleme – eine kritische Betrachtung des Prostitutionsgesetzes, 2007 (disponível na íntegra em http://wcms.uzi.uni-halle.de/download.php?down=18186&elem=2424506 – acessado em 2.5.2014). Mais recenentemente, o autor se manifestou novamente: RENZIKOWSKI, Überfällige Reglementierung der Prostitution, *ZRP* (2014), p. 75 e ss.

estado de necessidade exculpante[9] e a causalidade psíquica.[10] O problema da responsabilidade penal em estruturas hierárquicas foi igualmente objeto da atenção do autor.[11] Também na teoria do direito, especialmente a respeito das controvérsias sobre o conceito e a validade do direito, Renzikowski possui alguns trabalhos interessantes.[12] Ele é, ainda, coeditor da famosa Zeitschrift für Rechtsphilosophie (= ZRPh) desde 2012.

II. A escolha dos textos e alguns esclarecimentos técnicos sobre as traduções

A *escolha dos textos* aqui reunidos se deve ao anseio de oferecer ao público um panorama geral da obra de Renzikowski, guardando a unidade que deve caracterizar um livro. Assim é que optamos por reunir um texto mais geral e introdutório sobre a relação da teoria das normas com o direito penal ("Teoria das normas e dogmática jurídico-penal"),[13] um texto sobre o conceito material de crime, mais especificamente sobre a relação da teoria do bem jurídico e a teoria da lesão a um direito subjetivo ("Deveres e direitos – Relação jurídica e imputação")[14] e, por fim, um texto detalhado sobre os problemas da autoria e da participação no direito penal ("Fundamentação da norma e imputação – fundamentos para um conceito restritivo de fato").[15] O fato de o autor posicionar-se criticamente em relação às teorias do bem jurídico, da imputação objetiva e do domínio do fato – teorias

9. Em estudo de fundamental importância: Renzikowski, *Entschuldigung im Notstand, Jahrbuch für Recht und Ethik*, tomo 11 (2003), p. 269 e ss.

10. Renzikowski, Ist psychische Kausalität dem Begriff nach möglich?, FS-Puppe (2011), Berlin, p. 201 e ss.

11. Renzikowski, Verantwortlichkeit in Hierarchien, in: M. Kaufmann/Renzikowski (orgs.), *Zurechnung als Operationalisierung von Verantowortung*, Frankfurt am Main, 2004, p. 147 e ss.

12. Por exemplo, Renzikowski Naturrechtslehre versus Rechtspositivismus – ein Streit um Worte?, *ARSP* (1995), p. 335 e ss.

13. Original: Renzikowski, Normentheorie und Strafrechtsdogmatik, in: Robert Alexy (org.), Juristische Grundlagenforschung, Archiv für Rechts- und Sozialphilosophie (*ARSP*), caderno suplementar 104, Franz Steiner Verlag, Stuttgart 2005, p. 115-137.

14. Original: Renzikowski, Pflichten und Rechte – Rechtsverhältnis und Zurechnung, em: *Goltdammer's Archiv für Strafrecht* 2007, p. 561 – 578.

15. Original: Renzikowski, Normbegründung und Zurechnung – Grundlagen eines restriktiven Tatbegriffs. Texto que foi base de uma palestra proferida pelo autor em Barcelona, em dezembro de 2013, ainda não publicado.

defendidas em sua formulação geral pelos tradutores[16] – foi um motivo adicional a indicar a escolha dos textos: essas teorias, que servem a propósitos bem concretos, não devem ser recepcionadas em razão da autoridade de quem as formulou, mas por possuírem em seu favor boas razões. Uma recepção acrítica é perniciosa, como um exemplo recente demonstrou.[17]

O traço fundamental, que atravessa toda a construção da obra de Renzikowski, desde os aportes mais gerais até os mais específicos, é precisamente a relação entre direito penal e teoria das normas. Daí o título deste livro. Esse traço unificador da obra de Renzikowski implicará, é claro, em algumas inevitáveis repetições no decorrer do livro. Os textos traduzidos são inéditos em língua portuguesa ou espanhola. Também o formato do presente livro é inédito, que conta, ademais, com um prefácio do autor escrito especialmente para o público brasileiro.

Algumas *observações técnicas sobre a tradução* fazem-se necessárias.

Primeiro, a recorrente utilização de categorias do *direito civil* na análise do direito penal à luz da teoria das normas empreendida por Renzikowski trouxe algumas dificuldades para a tradução, e não foi possível evitar por completo a estranheza que o emprego desses termos possa vir a causar no leitor. Por exemplo, o termo *Berechtigter*, que decidimos traduzir como *legitimado*, é o sujeito perante o qual o *obrigado* (*Verpflichteter*) possui um dever jurídico. É o simples exemplo do credor, que é o legitimado para obter a prestação do devedor. De significado semelhante e também de proveniência civilística é a palavra *Begünstigter*, que optamos por traduzir como *favorecido*.

16. Ver especialmente Greco/Leite/Teixeira/Assis, *Autoria como domínio do fato. Estudos introdutórios sobre o concurso de pessoas no direito penal brasileiro*, São Paulo/Madrid/Buenos Aires, 2014, editado pela Marcial Pons.

17. O exemplo é evidentemente a APn 470/STF. Ver Leite, Domínio do fato, domínio da organização e responsabilidade penal por fato de terceiros. Sobre os conceitos de autor e partícipe na APn 470 do STF, *RBCC* 106 (2014), p. 47 e ss.; ver também Greco/Leite, Die "Rezeption" der Tat- und Organisationsherrschaft im brasilianischen Wirtschaftsstrafrecht – Anmerkung zur Beteiligungsdogmatik im Urteil des brasilianischen Obersten Bundesgerichts über den Korruptionsskandal in der Bundesregierung ("Mensalão-Fall", Ação Penal n. 470, Supremo Tribunal Federal), *ZIS* 6/2014.

Esse anseio de uniformização, entretanto, não foi seguido à risca, sobretudo porque também o autor não utiliza todos esses termos sempre de maneira uniforme. Buscamos a uniformização dos termos apenas quando o próprio autor a ele se ateve com rigor. Mantivemos uma uniformidade especialmente nos casos em que surgem transcrições de dispositivos legais (por exemplo, o § 1004 do Código Civil alemão, o BGB) ou para expressões consagradas, como intangibilidade dos direitos fundamentais (*Unantastbarkeit der Grundrechte*). A expressão *Verhaltensnorm* aparece em abundância ao longo do livro, e a sua tradução pode ser tanto norma de comportamento, como norma de conduta, desde que esteja compreendido que quer-se abranger com esse conceito tanto normas dirigidas a ações, como a omissões.

Por vezes, quando expressões, sobretudos técnicas, não encontram um exato termo correspondente em língua portuguesa ou há controvérsia sobre a tradução, optamos por deixar a palavra original entre parênteses, de modo que o próprio leitor possa avaliar criticamente o acerto de nossa opção.

Optamos também por não traduzir citações literais em inglês, que não raro aparecem no corpo do texto e em algumas notas de rodapé, uma vez que também não foram traduzidas para o alemão no texto original.

A abreviação *Rn.*, de *Randnummer*, usada nas referências a manuais ou comentários de lei em vez da referência à página da obra, traduzimos por *nm.* (número de margem). Além disso, a abreviação *vgl.* (vergleiche), utilizada nas notas de rodapé, traduzimos por *cf.* (confira). A técnica de referência interna, em que primeiro se cita a obra de forma completa e daí em diante apenas a nota de rodapé em que foi feita essa primeira referência, foi mantida conforme o autor a utilizou nos textos originais. Da mesma forma, foi mantida a maneira de citar que o autor utilizou nos textos originais. As notas de tradutor ao longo do livro (caracterizadas por um asterisco seguido pela sigla N.T.) são de nossa exclusiva responsabilidade.

III. Agradecimentos

Entre os tradutores e o autor do livro há uma intensa troca de ideias, que se estende também ao seu assistente científico Stephan Ast,[18] que ocorre sobretudo em visitas à Universidade de Halle an der Saale. O intercâmbio de ideias culminou com a nossa participação em um seminário organizado por Renzikowski em Wittenberg – a cidade de Martinho Lutero –, no início de 2014, e que versava sobre todos os problemas, gerais e concretos, da teoria do bem jurídico. Agradecemos, dessa forma, ao prof. Renzikowski pela autorização que prontamente nos concedeu para que pudéssemos traduzir os seus trabalhos e pela generosidade – atributo dos grandes cientistas – com que nos trata. Por fim, agradecemos a editora Marcial Pons, na pessoa de Marcelo Porciuncula, e aos editores da coleção Direito Penal e Criminologia, Luís Greco, Ramon Ragués e Iñigo Ortiz de Urbina, por abrigarem mais esse projeto editorial que visa elevar o nível das discussões sobre a teoria do direito penal em nosso país.

Munique, 1.º de maio de 2014.

ALAOR LEITE e ADRIANO TEIXEIRA

18. Ast publicou importante monografia, fruto de sua tese doutoral escrita sob a orientação de Renzikowski, sobre a relação entre teoria das normas e direito penal, com especial foco na distinção entre ação e omissão: AST, *Normentheorie und Strafrechtsdogmatik*, Berlin, 2010.

SUMÁRIO

TEORIA DAS NORMAS E DOGMÁTICA JURÍDICO-PENAL[1]

I. INTRODUÇÃO

"*A wealth of material still lies in the mine as valuable or awaiting only the eye of the geologist to recognize it*". Com essas palavras, Charles Everett descreveu o arquivo da University College em Londres. O tesouro encontrado por Everett no ano de 1939 no porão do College, por baixo de uma pilha de papéis, era o trabalho *Of Laws in General* de Jeremy Bentham, que permaneceu recôndito por mais de 160 anos.[2] Essa primeira "teoria geral do direito" foi concebida originalmente como derradeiro capítulo do conhecido *Introduction to the Principles of Morals and Legislation* de 1780, mas acabou se tornando um volume autônomo de continuação, terminado no ano de 1782. É de se perguntar por que razão ele não foi publicado já naquela época. Alvissareiro poderia ter sido o desenvolvimento da teoria analítica do direito caso o trabalho de Bentham tivesse sido recepcionado no lugar do – menos pretensioso, mas muito popular,

1. Trad. Alaor Leite.

2. Everett já se esforçava há tempos em organizar os manuscritos no arquivo do University College, que constavam de 173 pastas. Quando ele chegou pela primeira vez às folhas suspeitas, ainda não reconheceu de o que se realmente tratava. Depois de um dispendioso trabalho em minúcias, foi enfim possível reconstruir os manuscritos antes dispersos em várias pastas, que foram publicados no ano de 1945 sob o título de "*The Limits of Jurisprudence Defined*", de Jeremy Bentham. A citação está no prefácio, na p. V. Sobre a história da publicação ver também H.L.A. Hart, *Rechtstheorie* 2 (1971), p. 55 e ss.

como as várias edições comprovam – *Lectures on Jurisprudence* de John Austin, e, assim, tivesse determinado a discussão posterior!

O livro *Of Laws in General* de Bentham é de grande interesse para o penalista, na medida em que nele é desenvolvida pioneiramente a distinção entre normas primárias de comportamento, que se dirigem aos cidadãos, e normas secundárias de sanção, que se dirigem ao juiz.[3] Essa distinção, por exemplo, está contida no dispositivo que proíbe o homicídio no Código Penal alemão (= StGB), o § 212, item 1, cuja norma primária de comportamento é: "não matarás!", e a norma secundária de sanção é: "aquele que matar outrem deve ser punido com pena não inferior a cinco anos!". A distinção entre norma de comportamento e norma de sanção está ligada, na Alemanha, ao nome de Karl Binding. O primeiro volume de sua obra *Die Normen und ihre Übertretung* surgiu apenas 90 anos depois, no ano de 1872.[4] Binding descreveu seu programa da seguinte maneira: "... deve-se mesmo pensar que uma investigação cuidadosa daquelas proposições jurídicas, às quais o criminoso se opõe, seria condição prejudicial

3. Bentham, *Of Laws in General*, org. por H.L.A. Hart, 1970, p. 133 e ss. (Cap. XI); detalhado a esse respeito Joachim Renzikowski, in: *Festschrift für Gössel*, org. por D. Dölling e outros, 2002, p. 3, 7 e ss. (*N.T. Este estudo está impresso neste livro, em tradução de Adriano Teixeira); o provável pioneiro a indicar as origens da teoria dualista das normas foi Felix Somló, *Juristische Grundlehre*, 1917, p. 190. No entanto, Somló se refere ao n. 8 da *Concluding Note* ao "Introduction to the Principles of Morals and Legislation" (na edição organizada por Burns e Hart no ano de 1970, na p. 303). Essa *Concluding Note* contém, de certa maneira, o programa para o *Of Laws in General*.

4. Seria em vão especular sobre se a dogmática penal teria se enveredado por outros caminhos caso o trabalho de Bentham fosse anteriormente conhecido. Muito provavelmente tal não seria o caso. A teoria dos imperativos, por exemplo, cujos precursores foram conjuntamente Bentham e Austin, foi desenvolvida na comunidade alemã por August Thon sem qualquer referência aos precursores ingleses, de forma completamente independente, pois (ver Thon, *Rechtsnorm und subjektives Recht,* 1878, p. 8). Ernst Rudolph Bierling, cujos cinco volumes da *Juristische Prinzipienlehre* de 1894-1917 podem ser vistos como primeiro trabalho alemão no sentido da analytical jurisprudence, também não recepcionou Bentham ou Austin. Parece, de fato, que Bentham permaneceu, em geral, desconhecido na Alemanha até a metade do século 20. Exceções são Friedrich Eduard Beneke e Rudolf von Jhering. Ainda assim, Beneke, que se controvertia desde 1827 com as teorias de Bentham, não teve nenhuma influência digna de nota em seu tempo, provavelmente em razão de sua infeliz carreira acadêmica. Jhering, *Der Zweck im Recht,* Segundo Volume, 2. ed. 1886, p. 170 e s., considerava Bentham como um dos "pensadores mais independentes e originais". A jurisprudência dos interesses por ele cofundada foi claramente influenciada pelo utilitarismo. Em detalhes sobre a recepção de Bentham ver Helmut Coing, ARSP 54 (1968), p. 69 e ss.

para a apreensão correta do próprio crime e de seus elementos essenciais".[5] Não há como deixar de reparar no parentesco espiritual desse posicionamento com a "teoria analítica do direito", cujos fundadores foram Bentham e, ao seu lado, Austin.[6] O principal interesse científico desse movimento é, até os dias de hoje, o de análise formal e estrutural dos elementos do direito. Ao lado da busca pelo conceito de direito ou do tratamento do problema da validade, trata-se do desenvolvimento da estrutura das normas jurídicas.[7] É claramente possível extrair estímulos desse ideário para a dogmática jurídico-penal.

No presente estudo será, em primeiro lugar, demonstrado qual o conteúdo da distinção entre normas primárias de comportamento e normas secundárias de sanção na teoria analítica do direito. As raízes dessa teoria dualista das normas, que estão na teoria dos imperativos e no utilitarismo de Bentham, serão rapidamente tratadas. Afinal, veremos mais tarde que a dogmática jurídico-penal contemporânea – apesar de todas as diferenças em questões específicas – ainda padece de uma abordagem estatista-coletivista do direito penal, enquanto a Constituição parte de um ponto de vista liberal-individualista. Como resultado dessas reflexões concluir-se-á que é necessário oferecer mais atenção ao conceito de direito subjetivo do que se fez até o presente momento: ele é, de um lado, fundamento de legitimidade e objeto de proteção das normas de comportamento que protegem bens jurídicos individuais. De outro lado, deve-se diferenciar a extensão do direito subjetivo da extensão da normas de comportamento – ou, dito de forma mais geral: a função de garantia do direito da sua função de diretriz de comportamento (II). Ao final, serão expostas três consequências para a dogmática jurídico-penal: para o método, com foco no conceito de bem jurídico, para a teoria da imputação objetiva e para a distinção entre injusto e culpabilidade (III).

5. Binding, Die Normen und ihre Übertretung, primeiro tomo: Normen und Strafgesetze, 1872, p. 4 n. 2.

6. Ver Ralf Dreier, *Was ist und wozu Allgemeine Rechtstheorie?*, 1975, p. 8.

7. Ver Klaus Adomeit, *Rechtstheorie für Studenten*, 4. ed. 1998, p. 14 e s.; Klaus F. Röhl, Allgemeine Rechtslehre, 2. ed. 2001, p. 2 e ss.

II. FUNDAMENTOS DA TEORIA DUALISTA DAS NORMAS

1. Normas de comportamento e normas de sanção

Binding fundamentava a distinção entre normas primárias de comportamento e normas secundárias de sanção da seguinte maneira: é impreciso enxergar o crime como uma violação da lei penal, na medida em que o criminoso faz exatamente aquilo que é descrito pela lei penal no tipo. Exatamente por essa razão é que, por exemplo, também para Kelsen o "injusto (delito) não é negação, mas condição do direito".[8] Nesse sentido o criminoso não viola a lei penal, antes a cumpre! Ao contrário, caso se parta da ideia de que apenas um fato antijurídico e culpável é merecedor de pena, então deve-se admitir como *logicamente obrigatório* o fato de que o juízo de antijuridicidade pressupõe o reconhecimento de normas de comportamento que antecedem a lei penal e que são dela diversas.[9] De forma semelhante,

8. Hans Kelsen, *Reine Rechtslehre,* 2. ed. 1960, p. 116 e ss.; ver também anteriormente em idem, *Hauptprobleme der Staatsrechtslehre*, 2. ed. 1923, p. 53. Kelsen só poderia ser, assim, um adversário da teoria dualista das normas. No entanto, para ele o fundamental era a "formulação ideal" da norma jurídica, que deveria levar em conta e revelar todo o direito. Como a sua concepção se alterou ao longo do tempo, demonstrou-o detalhadamente Stanley L. Paulson in: *Logischer Empirismus und Reine Rechtslehre*, org. por C. Jabloner/F. Stadler, 2001, p. 137, 174 e ss.: da norma de sanção hipoteticamente formulada (cf. *Hauptprobleme der Staatsrechtslehre*, 1911, p. 234 e ss.), passando pela autorização/competência para a aplicação da sanção (cf. *General Theory of Law and State,* 1945, p. 61 e ss.; *Reine Rechtslehre,* 2. ed. 1960, p. 82 e s.) até o estudo de 1979, postumamente aparecido, de título Allgemeinen Theorie der Normen, no qual Kelsen admite a existência, ao lado das normas (primárias) que prescrevem a ocorrência de um ato coativo, de normas secundárias que prescrevem aos sujeitos de direito um determinado comportamento (p. 43, 115 e s.). Além disso, Kelsen descrevia as normas permissivas e aquelas que ordenam um comportamento como funções normativas (p. 76 e ss.). Como ponto fixo permanece o fato de que Kelsen recusou a teoria dos imperativos por toda a sua vida. Caso se defina, tal como é comum na teoria geral do direito, toda norma completa como aquela que conecta uma consequência jurídica a um tipo (por exemplo Bernd Rüthers, *Rechtstheorie*, 1999, nm. 130), então a norma primária de comportamento não é uma norma autônoma, mas essa não representa uma objeção de princípio contra a teoria dualista das normas.

9. É por isso que não importa o fato de o legislador não ter formulado separadamente as normas de comportamento. Nesse sentido, a antiga objeção de Friedrich Kitzinger, *GS* 55 (1898), p. 1 (30 e ss.) e de Robert von Hippel, *Deutsches Strafrecht,* volume 1, Allgemeine Grundlagen, 1925, p. 21. Tirante esse fato, encontram-se precisamente no direito penal secundário leis penais em branco que fazem referência a uma norma de comportamento delas separada.

já Bentham considerava a norma de comportamento e a norma de sanção como "*two distinct laws, and not parts of one and the same law*",[10] embora ambas as normas, em regra, estivessem previstas em um único dispositivo.[11] Uma norma de sanção – Bentham a designava como "*subsidiary law*" – não poderia ser compreendida e nem seria sequer existente sem uma norma de comportamento ("*principal law*") à qual ela deveria se referir: "*the idea of such a law being included in their very essence*".[12] Bentham e Binding fundamentam a distinção entre normas de comportamento e normas de sanção indicando-lhes diferentes destinatários: as normas de comportamento ordenam ao sujeito quais ações este deve omitir e quais este deve empreender. Ao contrário, o "*command to punish*" expressado pela norma de sanção se dirige ao juiz,[13] enquanto que Binding enxergava o próprio

10. Bentham (n. 2), p. 139 (XI.12.) em oposição a Thomas Hobbes, *De Cive*, 1646, Cap. XIV.6 und 7, in: *Malmesburiensis Opera quae latine scripsit omnia, in unum corpus nunc primum collecta studio et labore*, Gulielmi Molesworth, Vol. II, London 1839, quem considerava o comando de comportamento e a ameaça de sanção não como dois tipos diversos de leis ("duae legum species"), mas como duas partes de uma mesma lei ("ejusdem legis duae partes"). Como Hobbes, também Austin, *The Province of Jurisprudence Determined*, org. por H.L.A. Hart, reimpressão 1998, p. 17 e s.; enquanto em *Lectures of Jurisprudence*, vol 2, 5. ed. org. por R. Campbell, 1911, p. 767 (com a n. 21) ele distinguia, exatamente no sentido de Bentham, entre uma "simply imperative law" e outra "punitory law".

11. Bentham (n. 2), p. 143 e s. (XI.18).

12. Bentham (n. 2), p. 142 (XI.16). Ao contrário de Binding, Bentham não confinava a concepção dualista das normas ao direito penal. "Subsidiary laws" são para ele todas as "remedial laws", isto é, as leis que prevêem consequência jurídica para a violação das normas de comportamento. Essas consequências jurídicas não são apenas penas, mas também a reparação de danos e o dever de omitir (cf. por exemplo o § 1004 BGB), diz Bentham (n. 2), p. 149 e ss. (XII.); compare a proposta de Heinrich Dörner, *JuS* 1987, p. 522, 524 e s., que visa transportar a teoria dualista das normas que prevêem ato ilícitos civis (Deliktsrecht) (§ 823 BGB) (*N.T. Esse dispositivo corresponde, grosso modo, ao nosso art. 186 do Código Civil, e prevê como consequência do ato ilícito o dever de reparar o dano). Bentham (p. 196 [XVI.1]) é ainda da opinião de que toda lei possui um ramo civil e outro penal: "The generality of laws have each a penal as well as a civil branch". Bentham quer com isso dizer que toda lei faz mais do que estatuir sanções para a violação da norma. A diferença entre direito civil e direito penal é, compreendida nos termos tradicionais, para ele, de natureza apenas gradual (p. 209 e ss. [XVII.]).

13. Bentham (n. 2), p. 140 (XI.15); da mesma forma Thon (n. 3), p. 9 e s.; atualmente, essa posição corresponde à doutrina dominante; ver por exemplo Ivo Appel, *Verfassung und Strafe*, 1998, p. 81; Georg Freund, *Erfolgsdelikt und Unterlassen*, 1992, p. 113; Wolfgang Frisch, *Vorsatz und Risiko*, 1983, p. 62; Röhl (n. 6), p. 192 e s.; Joachim Vogel, *Norm und Pflicht bei den unechten Unterlassungsdelikten*, 1993, p. 27 e s.; para Bentham essa posição era a única coerente, pois o soberano não podia emitir ordens para si mesmo (cf. também

Estado como destinatário.[14] Os destinatários diversos correspondiam à finalidade diversa da regulação: normas de comportamento contêm deveres de obediência dos sujeitos submetidos ao direito (*Rechtsunterworfene*) em face do Estado, enquanto que normas de sanção fundamentam o direito do Estado à pena – usualmente descrito como pretensão penal do Estado (*staatlicher Strafanspruch*).[15]

Para Bentham, assim como para Binding, o ponto de vista decisivo para a necessidade de se reconhecerem normas primárias de comportamento estava na essência da pena como consequência do injusto. Esse aspecto é, ao mesmo tempo, a consideração mais forte contrária às posições monistas, que reconhecem exclusivamente normas de sanção.[16] Essa consideração pode ser assim formulada: caso as normas de sanção não possuam como pressuposto nenhuma norma de comportamento correspondente, então não se poderão definir as ameaças de sanção nela previstas como reação à lesão de deveres previamente estabelecidos. Uma sanção seria de se considerar como mera consequência jurídica, sentida pela maioria das pessoas como desconfortável e que, *em razão disso*, as levaria a evitar aquele comportamento. Porém, nem toda norma jurídica, cuja consequência jurídica seja sentida por aquele que a lesiona como desagradável, persegue o fim de demover os sujeitos submetidos ao direito da prática do comportamento ao qual se conecta a consequência

p. 137 [XI.11], observação de letra h). Essa fundamentação indica uma fraqueza da teoria clássica dos imperativos: ela não pode explicar a autolimitação do legislador, cf. HART, *The Concept of Law*, 2. ed. 1994, p. 42 e ss.

14. BINDING, *Normen* I (n. 4), p. 6 e ss., 13 e ss.; IDEM, *Handbuch des Strafrechts*, primeiro volume, 1885, p. 189 e ss.; da mesma forma, recentemente, Karsten ALTENHAIN, *Das Anschlußdelikt*, 2002, p. 307 e ss.

15. BINDING, *Handbuch* (n. 13), p. 162 e s.

16. São defensores de uma teoria monista das normas de sanção, por exemplo, KELSEN (n. 7), p. 116 e ss., especialmente p. 124; Eberhard SCHMIDHÄUSER, *Von den zwei Rechtsordnungen im staatlichen Gemeinwesen*, 1964, p. 10 e ss.; Heiner ALWART, *Recht und Handlung*, 1987, p. 146 e ss.; Wolfgang RÖTTGER, *Unrechtsbegründung und Unrechtsausschluß*, 1993, p. 236 e ss.; Andreas HOYER, *Strafrechtsdogmatik nach Armin Kaufmann*, 1997, p. 42 e ss.; recentemente, Peter STEMMER, *Handeln zugunsten anderer*, 2000, p. 91 e ss., p. 102 (com recurso a KELSEN); IDEM. in: *Moral als Vertrag?*, org. por A. LEIST, 2003, p. 37, p. 39 e s., p. 64 e ss. defendeu na filosofia moral, sobre a teoria do dever, uma teoria da norma de sanção; crítico a esse respeito Gottfried SEEBASS in: LEIST, (n. 15), p. 155, p. 165 e ss.; Neil ROUGHLEY, in: LEIST (n. 15), p. 213, p. 224 e ss.

jurídica. Concretamente: pena e imposto não mais se distinguiriam.[17] Acrescente-se a isso o fato de que aquele que aceita o imposto adquire igualmente a liberdade para a prática do comportamento correspondente. Um homicídio permanece proibido, ainda que o autor esteja disposto a encarar a prisão – porque um fato desses nega o direito à vida de outro sujeito.

À teoria dualista das normas contrapõe-se o argumento de que ela não estaria em condições de distinguir entre um ponto as normas de comportamento, que supostamente antecederiam as normas de sanção, das normas morais ou do direito natural.[18] Esse reproche não alcança Bentham, já que em sua opinião a norma primária de comportamento não apenas proíbe determinadas ações, mas prevê, ademais, pena em caso de sua violação.[19] Para Binding, ao contrário, a previsão de uma sanção que se segue à norma de comportamento era um anexo dispensável, porque a obrigatoriedade da norma deveria poder ser distinguida de sua eficácia.[20] Não obstante, é o ponto de vista de Bentham que merece acolhida, na medida em que é ele que esclarece a eficácia do direito. Ali onde todos se comportam de maneira correta já por razões morais, são dispensáveis as normas jurídicas. Normas jurídicas desenvolvem sua eficácia apenas onde as convicções morais tenham se tornado quebradiças ou onde a tendência à violação da norma ameace aumentar de forma excessiva. Nesse momento, o direito anseia, por meio da ameaça de uma sanção, introduzir um

17. Ver HART (n. 12), p. 39; IDEM, *Punishment and Responsibility,* 1968, p. 6 e s.; PETER KOLLER, *Theorie des Rechts*, 2. ed. 1997, p. 85 e s.; SEEBASS (n. 15), p. 174 e ss.; OTA WEINBERGER, *Rechtslogik*, 1970, p. 236; IDEM, *Normentheorie als Grundlage von Jurisprudenz und Ethik,* 1981, p. 195; outras críticas em RENZIKOWSKI, *ARSP* 87 (2001), p. 110, p. 116 e ss.; contra uma distinção entre pena e imposto a partir de pontos de vista econômicos, tal como é proposto por HOYER (n. 15), p. 67 e ss. e por Christian SCHMID, *Das Verhältnis von Tatbestand und Rechtswidrigkeit aus rechtstheoretischer Sicht*, 2002, p. 67 e ss., ver RENZIKOWSKI, (n. 16), p. 120 e s.

18. Assim a crítica de SCHMID (n. 16), p. 62 e s.; no entanto, estivesse STEMMER (n. 15) correto, a conexão de uma sanção a um dever não seria uma especificidade do direito em relação à moral. Nesses termos, ter-se-ia de dizer que BENTHAM argumentava exatamente no sentido da teoria dos imperativos, com recurso àquele que formulou a norma.

19. BENTHAM (n. 2), p. 140 (XI.14).

20. BINDING, Normen I (n. 4), p. 26 e ss.; IDEM, *Handbuch* (n. 13), p. 160 e s.; contra o último argumento, ALTENHAIN (n. 13), p. 331 chama corretamente a atenção para o fato de que a prevenção geral de intimidação não deve *oferecer sozinha* o motivo decisivo para que se omita o fato punível.

contrapeso efetivo em face da motivação de seus destinatários. Normas jurídicas são obedecidas *enquanto normas do direito*, a fim de evitar uma consequência jurídica indesejada.[21]

2. A legitimação da norma de comportamento e o seu objeto de proteção

Como são legitimadas as normas de comportamento? Qual é o seu objeto de proteção? Em relação a essas perguntas é possível distinguir um ponto de vista estatal-coletivista e outro liberal-individualista.

a) Do utilitarismo de Bentham ao conceito estatista de bem jurídico de Binding

O estatismo e o coletivismo são características da clássica teoria dos imperativos: todo o direito é compreendido como um complexo de diretivas de comportamento emanadas pelo soberano aos súditos.[22] Os direitos subjetivos são o verso dos imperativos, desde que estes proíbam a lesão de bens de um favorecido (*Begünstigter*).[23] Direitos subjetivos devem ser vistos, assim, desde a perspectiva do Estado, que os constitui apenas quando formula os seus imperativos. Eles surgem apenas como reflexos do bem comum, ou como expressou Nagler: o indivíduo é apenas "portador" da vontade da coletividade; ele "faz valer a vontade concretizada e a autoridade do direito objetivo com os seus direitos subjetivos".[24] Ao lado da fundamentação formal do

21. Essa consideração milita em favor da tese de Ulfried Neumann in: *Nomos Kommentar zum StGB*, 14. Lief. November 2003, § 17 nm. 21, segundo a qual a consciência do injusto (§ 17 StGB) seria a representação de uma violação de norma jurídica que preveja uma sanção. A doutrina dominante, ao contrário, afirma que o objeto da consciência do injusto é a proibição ou mandado jurídicos, cf. BGHSt 2, p. 194, 196; Claus Roxin, *Strafrecht*, Allgemeiner Teil I, 3. ed. 1997, § 21 nm. 12, 13.

22. Bentham (n. 2), p. 1; Thon (n. 3), p. 1 e ss., p. 69.

23. Thon (n. 3), p. 114 e ss.; ver também Bentham (n. 2), p. 57 e s. (VI.8).

24. Johannes Nagler in: *Festschrift für Binding*, segundo volume, org. pelos componentes da Faculdade de Direito da Universidade de Leipzig, 1911, p. 273, p. 298; ver também Thon (n. 3), p. 110 e s.: "Não é possível confrontar dessa forma os interesses da comunidade com o dos indivíduos. (...) A propriedade não é protegida pela ordem jurídica em nome de fulano ou sicrano: em função do interesse comum é que o instituto jurídico da propriedade foi criado, na medida em que o gozo exclusivo dos bens materiais pelos indivíduos (...) é, para a comunidade, de eminente relevância (...)".

direito, "de cima pra baixo", a sua fundamentação material parte, em Bentham, igualmente da coletividade. A máxima suprema não apenas da moral, como também da legislação,[25] é a do mandamento da maximização da utilidade. Entre várias alternativas de comportamento, deve ter preferência aquela que traz consigo a maior utilidade possível.[26] É verdade que os direitos subjetivos não são incompatíveis com o princípio da maximização da utilidade. A disposição do indivíduo sobre a esfera jurídica a ele concedida permanece, de todo o modo, sob a condição da maximização da utilidade. A ideia de direitos subjetivos *inalienáveis* era designada por Bentham, assim, como um "disparate sobre pernas".[27] A partir desse pano de fundo, não surpreende que a teoria dos imperativos e o utilitarismo estivessem conectados na teoria do direito de Bentham: o que é melhor para o bem comum é decidido de forma cogente pelo soberano.[28]

Na dogmática jurídico-penal, as questões sobre a legitimação das leis penais e de sua finalidade protetiva são tradicionalmente discutidas sob o conceito de "bem jurídico". Esta visão, dominante no final do século XIX, deve ser declarada, todavia, como estatista

25. Ver BENTHAM (n. 2), p. 31 e ss. (III.); IDEM, *Grundsätze der Civil- und Criminalgesetzgebung*, primeiro volume, org. por BENEKE, 1830, p. 35 e ss.

26. BENTHAM, *An Introduction to the Principles of Moral and Legislation,* org. por J.H. BURNS e H.L.A. HART, 1982, p. 11 e ss.; AUSTIN (n. 9), p. 59 e ss.

27. BENTHAM, Anarchial Fallacies, in: *Works*, org. por J. BOWRING, Vol. II, 1843, p. 489, p. 501. Isso não quer significar que Bentham negasse de princípio direitos subjetivos, cf. por exemplo IDEM (n. 2), p. 57 e ss. (VI. 8 e ss.), 84 (IX.13). BENTHAM chegava mesmo a dizer – como depois o faria FEUERBACH – que todo crime seria uma lesão a direito ("offence"), (n. 2), p. 220 e s. (XVIII.1). A questão do utilitarismo está entretanto no fato de que todo direito subjetivo está sob a condição de uma avaliação do bem comum.

28. Esse estatismo corresponde ao ponto de vista da antiga concepção jusnaturalista, segundo a qual o crime – como posteriormente também em Binding – afigura-se como desobediência contra o Estado. A liberdade do indivíduo não tem nenhuma importância, pois a decisão sobre o que é útil para o bem-estar geral cabe apenas ao soberano, ao qual submetem-se os cidadãos em renúncia de sua liberdade natural. Referências correspondentes encontram-se, por exemplo, em Gottfried ACHENWALL/Johann Stephan PÜTTER, *Anfangsgründe des Naturrechts*, org. und Übersetzt von J. SCHRÖDER, 1995, §§ 872, 874; Johann Samuel Freidrich von BOEHMER, *Elementa iurisprudentiae criminalis*, 5. ed. 1757, sec. I, §§ CLXXXIX, CCXLIV; Hugo GROTIUS, *De iure belli ac pacis libri tres*, ed. nova 1646, lib. I cap. I § XIV.1; Samuel PUFENDORF, *De officio hominis et civis juxta legem naturalem libri duo*, 1739, lib. II cap. V § VII; Christian THOMASIUS, *Institutiones iurisprudentiae divinae libri tres,* 7. ed. 1730, lib. III cap. VI § 12, cap. VII § 63; em detalhes sobre isso ALTENHAIN (n. 13), p. 13 ss, com ulteriores referências.

e coletivista: bens jurídicos são produtos de uma criação estatal de norma, realizada da perspectiva da sociedade, não do indivíduo.

O conceito de bem jurídico que se consolidou a partir da influência de Binding e Liszt estava claramente, desde o princípio, em uma oposição diametral à posição – liberal e de direito natural – de Feuerbach, deduzida da teoria do contrato social como base filosófica, e segundo a qual todo crime era caracterizado pela lesão de um direito.[29] Dessa forma é que Binding se apoiou na teoria do direito de Ihering ao definir bem jurídico como "tudo aquilo em cuja conservação imutável e pacífica o direito positivo, desde a sua perspectiva, possui um interesse".[30] O próprio Jhering propôs a expressão interesse juridicamente protegido[31] no lugar da definição, tributária de Savigny, de direito subjetivo como domínio da vontade:[32] a essência do direito não estaria na vontade soberana (*selbstherrlich*) do indivíduo, mas na utilidade social. O indivíduo como destinatário de posições jurídicas executaria em sua pessoa a vontade estatal, que nela se tornaria viva. O sujeito final das proposições jurídicas seria

29. V. Paul Johann Anselm von FEUERBACH, *Lehrbuch des gemeinen in Deutschland gültigen Peinlichen Rechts,* org. v. C.J.A. MITTERMEIER, 14. ed. 1847, § 21: "Quem transgride os limites da liberdade jurídica comete uma lesão jurídica, ofensa (Läsion). Quem lesiona a liberdade, afiançada pelo contrato estatal, assegurada pelas leis penais, comete um crime". O conceito de lesão jurídica não era, todavia, restrito ao direito privado, mas também compreendia os direitos do Estado "enquanto pessoa moral" (§ 22). Essa teoria era dominante até os anos 30 do séc. XIX – cf.. Karl GROLMANN, *Grundsätze der Criminalrechtswissenschaft,* 3. ed. 1818, §§ 1 ss., 20 ss.; Gallus Aloys Kaspar KLEINSCHROD, *Systematische Entwickelung der Grundbegriffe und Grundwahrheiten des peinlichen Rechts*, Erster Theil, 3. Ed. 1805, §§ 5, 7; Karl August TITTMANN, *Grundlinien der Strafrechtswissenschaft und der deutschen Strafgesetzkunde,* 1800, §§ 5 ss., 22 –, antes de sucumbir à crítica de Johann Michael Franz BIRNBAUM, *Archiv des Criminalrechts*, N.F., 1834, p. 149 ss., que no lugar da lesão jurídica colocava o conceito de lesão de bem (Gutverletzung).

30. BINDING, *Normen* I (n. 4), p. 193.

31. JHERING, *Der Geist des römischen Rechts auf verschiedenen Stufen seiner Entwicklung*, terceira parte, 1. Capítulo, 1865, p. 316.

32. Carl Friedrich von SAVIGNY, *System des heutigen römischen Rechts*, tomo 1, 1840, p. 333; Bernhard WINDSCHEID, *Lehrbuch des Pandektenrechts, primeiro tomo*, 3. ed. 1873, p. 86 e ss.; na dogmática atual do direito civil o direito subjetivo é designado de forma mais precisa como "poder de direito" (Rechtsmacht) para uma observância autodeterminada de interesses (Interessenwahrnehmnung), cf. Karl LARENZ/Manfred WOLF, *Allgemeiner Teil der Bürgerlichen Rechts,* 9. ed. 2004, § 14 nm. 1, 4 e ss.

a própria sociedade; o cidadão emerge juridicamente apenas como uma parte dela.[33] Da mesma forma, direitos subjetivos não possuíam nenhum papel em Binding. Eles seriam completamente irrelevantes para a extensão da proteção que a norma oferece, na medida em que agressões não os lesionam *enquanto direitos*, mas apenas em seus pressupostos fáticos como agressão "no mundo dos bens".[34] Sob o espírito de seu tempo, Binding voltou-se duramente contra a supervalorização da vontade do indivíduo como produto de uma concepção individualista do direito, bem como contra a separação entre bens jurídicos individuais e bens da sociedade: "Apenas como bens sociais, bens jurídicos, e nunca como bens individuais é que aqueles objetos de juízos de valor individuais encontram proteção jurídica".[35] Não obstante a famosa controvérsia em torno do conceito de bem jurídico, em Liszt a situação não era muito diversa. Assim como Binding, Liszt definia o bem jurídico como "interesse juridicamente protegido".[36] É verdade que Liszt, ao contrário de Binding, não se contentava com um puro positivismo jurídico. Ao revés, os interesses seriam para ele interesses vitais identificáveis desde uma perspectiva sociológica, que antecederiam à ordem jurídica. Apenas a partir das normas estatais é que esses interesses seriam alçados à condição de bens jurídicos.[37] Ao final, Liszt desvincula da mesma forma, com esse proceder, o conceito de bem jurídico dos direitos subjetivos. Relações jurídicas não existiriam independentemente de interesses estatais, senão que eram constituídas soberanamente (*hoheitlich*).

33. Jhering (n. 30), p. 309 ("... que a vontade individual apenas pode de fato querer algo na medida em que esteja amparada pela vontade coletiva (...)" – "... Direito como a unidade concreta das vontades dos indivíduos e do Estado (...)"), p. 315 e s.; a concepção individualista de direito era zombada por Jhering, *Der Zweck im Recht*, vol. 1, 4. ed. 1904, p. 419 como "delimitação de esferas de liberdade de acordo com as jaulas no zoológico (Menagerie)"; em detalhes sobre as ideias por trás dessa posição ver Knut Amelung, *Rechtsgüterschutz und Schutz der Gesellschaft*, 1972, p. 62 e ss.

34. Binding, *Normen* I, 3. ed. 1916, p. 338, p. 353.

35. Binding, *Normen* I, 3. ed. 1916, p. 341, 353 e ss.; a citação está na p. 360.

36. Franz von Liszt, *ZStW* 3 (1883), p. 1, p. 19 com referência a Binding.

37. Liszt, *ZStW* 3 (1883), p. 18 e ss.; idem, *Lehrbuch des deutschen Strafrechts*, 3. ed. 1888, p. 19 e ss.

b) O ponto de vista liberal-individualista da Constituição alemã (= GG)

O estatismo e o coletivismo de Bentham e Binding estão – já de um ponto de vista de direito positivo – ultrapassados. A destacada afirmação da intangibilidade da dignidade humana no art. 1, § 1 GG, a evocação da inviolabilidade e inalienabilidade dos direitos humanos no § 2 do mesmo artigo, bem como a garantia de um conteúdo essencial dos direitos fundamentais livres de qualquer intervenção ou legislação estatais no art. 19, § 2 GG são sinalizadores de uma fundamentação liberal-individualista do direito.[38] A Constituição arranca da ideia de que o indivíduo é mais do que um "elenco de relações sociais", vale dizer, é uma pessoa autônoma, em face de quem o exercício de poder estatal deve ser legitimado. Em compasso com a tradição que fundamenta o direito e a sociedade na teoria do contrato social, que vai de Locke a Kant, funda-se a ordem jurídica no reconhecimento recíproco de indivíduos como pessoas dotadas de autodeterminação. Direitos subjetivos não são, assim, os resultados de benesses com as quais o soberano agracia os seus subordinados. Eles não são criados originariamente pelo Estado, senão que são conceitualmente preexistentes e juridicamente reconhecidos. Direitos subjetivos não são, igualmente, apenas resultados de ponderações orientadas ao bem comum. Antes do que isso, pertence à essência do direito subjetivo a inauguração de um espaço de conformação autorresponsável da vida aos indivíduos, livre de exigências por parte da sociedade. As normas de comportamento de natureza de direito público são legitimadas não apenas "de cima pra baixo", mas também, ao mesmo tempo, "de baixo pra cima".[39] Os indivíduos repassam ao Estado a proteção

38. Ver a esse respeito – no contexto do debate contemporâneo sobre a (in)admissibilidade da tortura – Matthias Jahn, *KritV* 2004, p. 24, p.45 e ss.; Reinhard Marx, *KJ* 2004, p. 278, p. 299 e ss.; Jan O. Merten, *JR* 2003, p. 404 e ss.; Ralf Poscher, *JZ* 2004, p. 756 e ss.; por uma relativização da dignidade humana por meio de ponderação ver, no entanto, Winfried Brugger, *JZ* 2000, p. 165, p. 169 e s.; posição próxima em Matthias Herdegen in: Maunz/Dürig, *GG*, 42. Lief. Februar 2003, Art. 1 I nm. 43 e ss., que defende uma "abertura à ponderação" da dignidade humana, ao menos em casos excepcionais.

39. Apenas a partir desse contexto é que a discussão sobre a função de proteção dos direitos fundamentais torna-se compreensível, da qual são deduzidos em alguns casos até mesmo deveres estatais de criminalização ("proibição de deficiência"), cf. *BVerfGE* 39, p. 1, 45 e ss.; p. 88, p. 203, p. 254 e ss.; em pormenores ver Otto Lagodny, *Strafrecht vor den Schranken der Grundrechte*, 1996, p. 254 e ss.; de forma muito próxima derivou a EGMR

dos direitos subjetivos para limar da sociedade civil a justiça privada.[40] Dessa forma, os direitos subjetivos são os fundamentos de legitimidade das normas de comportamento que protegem os indivíduos.

Contudo, as normas de comportamento não se tornam, assim, normas de direito privado no sentido de que dividem as esferas jurídicas entre os cidadãos por meio da atribuição de direitos e deveres.[41] Essa concepção esbarra em insolúveis complicações, já pelo fato de que uma violação de uma norma de direito privado permanece um assunto que interessa apenas ao direito privado. Nesse sentido é que Feuerbach designou uma violação que teria "o direito dos subordinados" como seu "objeto imediato" como "delito privado (*delictum privatum*)".[42] O que permanece por esclarecer nesse contexto é como uma violação de direito privado pode desencadear um *direito* penal do Estado.[43]

(*NJW* 1985, p. 2075) do direito à privacidade garantido no art. 8 item 1 EMRK uma pretensão em face do Estado à uma proteção penal suficiente contra agressões sexuais. Sobre os novos desenvolvimentos no contexto do art. 2 EMRK (proteção da vida) ver LAGODNY in: *Die EMRK im Straf-, Zivil- und Öffentlichen Recht – Grundlagen einer europäischen Rechtskultur*, org. por RENZIKOWSKI, 2004, p. e ss.

40. Cf. *BVerfGE* 74, p. 257, p. 262: "Da proibição de violência privada e da estatização da imposição do direito se segue, inversamente, o dever do Estado de garantir a segurança de seus cidadãos e assegurar o respeito aos seus direitos".

41. Nesse sentido, no entanto, Alexander Hold von FERNECK, *Die Rechtswidrigkeit,* primeiro volume: Der Begriff der Rechtswidrigkeit, 1903, p. 110, p. 126 e ss., p. 143 e ss.; decididamente também RENZIKOWSKI, *Notstand und Notwehr*, 2004, p. 168 e ss.; sob a égide da teoria dos imperativos, uma tal suposição não é possível pelos seus próprios fundamentos, na medida em que a ordem é emanada pelo soberano. Nesse sentido é que se pode ler em BINDING (*Handbuch* [n. 13], p. 185): "O titular do direito à obediência em regra coincide com o autor da norma". Cf. também BENTHAM (n. 2), p. 18 (II.1) letra b: "the efficient cause then of the power of the sovereign is neither more nor less than the disposition to obedience on the part of the people".

42. FEUERBACH (n. 28), § 23; da mesma forma já Christian WOLFF, *Grundsätze des Natur- und Völckerrechts,* 1754, § 1030.

43. Volker HAAS, *Kausalität und Rechtsverletzung*, 2002, p. 80. Um ulterior argumento para o caráter de direito público das normas de comportamento extrai-se da punibilidade da tentativa: o autor de um delito tentado viola a mesma norma que o autor do correspondente delito consumado. É possível fundamentar essa ideia a partir da teoria das normas, na medida em que as normas de comportamento, em razão de sua função de determinação, devem partir necessariamente da representação do seu destinatário no momento da ação, para que seja a ele possível decidir se quer violar a norma ou não. Cf. FREUND (n. 12), p. 56 e ss.; IDEM, *GA* 1991, p. 387, p. 390 e ss.; Diethart ZIELINSKI, *Handlungs- und Erfolgsunwert im Unrechtsbegriff*, 1973, p. 137 e ss.; ver também Günther JAKOBS, *Strafrecht.* Allgemeiner Teil, 2. ed.

Caso se queira, ainda assim, comportar uma compreensão liberal do direito e do Estado e evitar compreender os espaços de liberdade juridicamente garantidos atribuídos a cada cidadão como meros reflexos da soma de interesses sociais, então é necessário que se diferencie entre imperativos de direito público, que fundamentam as normas de sanção, e a ordem jurídica de atribuição (*Rechtszuweisungsordnung*), à qual esses imperativos se conectam. Em outras palavras: diferenciar entre uma função de garantia e uma função de proteção que correspondem à ordem jurídica.[44] Logo retornar-se-á a esse ponto.

c) *O direito subjetivo e a extensão das normas de comportamento*

Dos direitos subjetivos, como objetos de proteção da norma de comportamento, extrai-se, por fim, também a extensão da proibição. É reconhecido, na teoria do bem jurídico, que este desenha a extensão protetiva da norma e representa, nesse sentido, um importante critério de interpretação teleológica.[45]

De todo o modo, o conceito de bem jurídico é incapaz, já por razões de princípio, de determinar a extensão da norma de comportamento. O conceito de bem jurídico descreve uma relação dúplice entre um sujeito e um determinado contexto: "X tem um interesse em S". Dessa maneira, ele pode ainda, é verdade, retratar a qualidade do desenvolvimento de um acontecer, qual seja a de ser lesivo a um determinado objeto jurídico. Não é possível, no entanto, ir além disso e descrever com a sua ajuda de que modo um curso causal deve estar

1991, 25/15. Caso o destinatário da norma reconheça a perigosidade de seu comportamento e ainda assim atue, o fato de a despeito disso nada acontecer, é, de uma perspectiva ex ante, fruto do acaso. O titular do direito subjetivo protegido pela norma de comportamento não pode reclamar nenhuma pretensão para a sua manutenção nos casos em que uma ameaça não é efetivamente possível. Uma tentativa inidônea diz apenas com o âmbito das normas de comportamento de direito público, e não com o do direito subjetivo. Como consequência, não há um direito à legítima defesa contra uma tentativa inidônea, cf. Roxin (n. 20), § 15 nm. 9. Uma outra pergunta é saber se isso vale para o agredido que não reconhece a inidoneidade da agressão.

44. Haas (n. 42), p. 81.

45. Ver Karl-Heinz Gössel, *Festschrift für Oehler*, org. por R.D. Herzberg, 1985, p. 97, p. 102 e ss.; Hans-Heinrich Jescheck/Thomas Weigend, *Lehrbuch des Strafrechts*. Allgemeiner Teil, 5. ed. 1996, p. 259.

definido para que contrarie a divisão de bens juridicamente determinada.[46] De forma breve: o conceito de bem jurídico possibilita apenas um pensamento em termos de dano (*Denken in Schadenskategorien*). Todavia, em razão do postulado "*causa sentit dominus*", a mera ocorrência de uma lesão ainda não fundamenta a responsabilidade de um terceiro. Em contrapartida a essa ideia, o direito subjetivo descreve uma relação tríplice ente um sujeito de direito, um contexto fático e outro sujeito de direito.[47] A relação existente entre o sujeito de direito e o contexto fático pode ser descrita como função de gozo (*Nutzungsfunktion*), enquanto que a relação entre os sujeitos de direito pode ser definida como função de exclusão, como estabelece em clareza didática o § 903 do Código Civil alemão (=BGB): "O proprietário de uma coisa (...) pode proceder com a coisa da forma que lhe aprouver e excluir outrem de qualquer intervenção" (redação original: "*Der Eigentümer einer Sache kann... mit der Sache nach Belieben verfahren und andere von jeder Einwirkung ausschließen*"). Ambas as funções caracterizam todos os direitos subjetivos, e não apenas a propriedade. Esse conceito de direito subjetivo possibilita, afinal, que se desvie o olhar da esfera jurídica lesionada para o ponto de partida do acontecimento. A norma de comportamento compreende aquelas ações que são relevantes para a função de exclusão do direito subjetivo. Também a esse respeito retornar-se-á.

3. Resumo da teoria dualista das normas

Antes que algumas consequências para a dogmática jurídico-penal sejam retiradas, é aconselhável que as teses básicas e essenciais da teoria dualista das normas sejam recapituladas:

– Existem normas primárias de comportamento que preexistem às leis penas secundárias e que se dirigem aos sujeitos subordinados ao direito como destinatários e, além disso, devem determinar os seus comportamentos.

– As normas de comportamento deduzem-se teleologicamente, quando se trata de proteção de bens individuais, de direitos subje-

46. Haas (n. 42), p. 69.

47. Haas in: *Zurechnung als Operationalisierung von Verantwortung*, org. por M. Kaufmann/J. Renzikowski, 2004, p. 215; a esse respeito ver também idem (n. 42), p. 98 e ss.

tivos. A proteção de direitos subjetivos como instituição é confiada, na sociedade civil, ao direito penal.

– Como os direitos subjetivos, ademais, representam o objeto de proteção das normas de comportamento que protegem direitos individuais, os tipos penais correspondentes devem ter os seus elementos interpretados de modo que as relações jurídicas de direito privado que lhe antecedem sejam, ao menos seletivamente, retratadas.

III. ALGUMAS CONSEQUÊNCIAS PARA A DOGMÁTICA JURÍDICO-PENAL

1. Déficits metodológicos da teoria jurídico-penal contemporânea

A dogmática jurídico-penal contemporânea, ainda que fincada no terreno de uma ordem jurídica baseada na liberdade, recorre às fontes da clássica teoria dos imperativos e da teoria estatista-coletivista do bem jurídico do século XIX.[48] Às normas de comportamento de natureza de direito público, cuja violação fundamenta um injusto pessoal, são atribuídas, ao mesmo tempo, uma função de distribuição. Elas devem delimitar as esferas de liberdades dos destinatários das normas entre si.[49] Bens jurídicos são definidos como interesses juridicamente protegidos, com o que quer-se referir à manutenção de determinadas funções irrenunciáveis ao convívio social conforme à Constituição e à posição que ocupa a liberdade de cada um dos cidadãos.[50] Apenas os imperativos de direito público é que fazem com que bens alcem-se a grandezas jurídicas. Essas normas de comportamento

48. Assim é que, por exemplo, o tratado de Jescheck/Weigend (n. 44), p. 237 (na n. 20) faz referência expressa a Thon.

49. Ver por exemplo Frisch in: *Festschrift für Roxin,* org. por B. Schünemann e outros, 2001, p. 213, p. 236; idem, *GA* 2003, p. 719, p. 734; Wilfried Küper in: *Festschrift für Lackner,* org. por. W. Küper e outros, 1987, p. 247, p. 275 e s.

50. Ver também Hans-Joachim Rudolphi in: *Festschrift für Honig,* org. por E. Barth, 1970, p. 151, p. 163; Harro Otto in: *Strafrechtsdogmatik und Kriminalpolitik*, org. por H. Müller-Dietz, 1971, p. 1, p. 8; ver também o panorama dos vários conceitos de bem jurídico em Günter Stratenwerth in: *Festschrift für Lenckner*, org. por A. Eser e outros, 1998, p. 377, p. 378. Uma – de toda forma, verbalizada claramente – explícita posição no sentido de um conceito estatista de bem jurídico pode-se ler na definição contida no tratado de Jescheck/Weigend (n. 44), p. 257 s.: como “valor da ordem social juridicamente protegido (...), em cuja manutenção a comunidade tem um interesse”. Crítica precisa em Altenhain (n. 13), p. 291 e ss.

deixam-se reconduzir a uma ampla ponderação de interesses, na qual ingressam, de um lado, os interesses na integridade do potencial lesionado e, de outro, a liberdade geral de ação dos destinatários da norma.[51] Muito embora nos termos da teoria pessoal do bem jurídico estes devam possibilitar ao seu titular o livre desenvolvimento de sua personalidade, a orientação utilitarista ao bem comum dos imperativos estatais é – ao menos verbalmente – mantida. Ao contrário, até hoje não se argumenta no sentido da categoria dos direitos subjetivos – nem mesmo por parte da teoria pessoal do bem jurídico, embora segundo ela todos os bens jurídicos devam ser deduzidos de interesses individuais.

Três considerações críticas fazem-se oportunas desde uma perspectiva metodológica:

a) A confusão entre função de distribuição e função de proteção

Aquele que empresta às normas de comportamento uma função de distribuição ignora o fato de que a extensão dos direitos subjetivos é ainda maior. São compreendidos estados que contrariam o conteúdo de atribuição da ordem jurídica (*Zuweisungsgehalt der Rechtsordnung*) e podem ser imputados a outra esfera jurídica. Eles não precisam, contudo, ser reconduzidos a uma ação. Exemplo: uma forte tempestade arremessa uma árvore ainda sadia para o terreno do vizinho. A confusão entre a função de proteção das normas de comportamento com a função de garantia dos direitos subjetivos mostra-se, por exemplo, na disputa sobre se o injusto dos delitos culposos de resultado deve ser determinado de maneira puramente objetiva ou se deve considerar as capacidades individuais do destinatário da norma.[52] Essa pergunta conduz a um dilema: nos termos

51. Os critérios específicos de ponderação seriam o valor do bem jurídico, o grau de probabilidade de ocorrência do resultado, a extensão do dano a ser esperado, bem como a utilidade social do comportamento, ver Frisch, *Tatbestandsmäßiges Verhalten und Zurechnung des Erfolgs*, 1988, p. 70 e ss.; Freund (n. 12), p. 51 e ss. (com referência à ponderação ampla de bens e interesses no § 34 StGB na n. 6); ver também Roxin (n. 20), § 11 nm. 60.

52. A relevância prática dessa disputa é reciprocamente proporcional à intensidade com que se discute. Também para os "objetivistas" é evidente que apenas pode ser punido aquele que poderia ter evitado a lesão de bem jurídico de acordo com as suas próprias capacidades. A evitabilidade individual é apenas analisada no âmbito da culpabilidade. Além disso, o padrão objetivo de cuidado é, ao menos parcialmente, individualizado na medida em que o grupo ao

da função de dirigir a ação dos destinatários da norma reservada às normas de comportamento, a violação dessa norma deve necessariamente depender da capacidade individual de cumprir o dever – vale dizer: "você pode, porque você deve".[53] Dessa forma, no entanto, são restringidos os direitos de defesa da vítima e, assim, os seus direitos subjetivos. Caso oriente-se, ao contrário, nos termos da extensão da garantia dos interesses de integridade,[54] então deve-se revogar o princípio jurídico "*impossibilium est nulla obligatio*". Essa tensão pode apenas ser resolvida caso se diferencie entre função de proteção e função de garantia do direito. O direito garante ao indivíduo um espaço de exercício de liberdade através da atribuição de direitos subjetivos. As normas de comportamento são encarregadas de sua proteção em relação à ações ou omissões antijurídicas.[55] A antijuridicidade penal, compreendida como violação de um dever de comportamento, não deve, igualmente, ser equiparada à antijuridicidade civil, compreendida como estorvo ou perturbação de um direito subjetivo, do mesmo modo que o dever de comportamento não corresponde ao direito subjetivo. Entre os deveres de comportamento de natureza de direito público e os direitos subjetivos de natureza de direito privado deve ser claramente diferenciado, muito embora os primeiros sejam referidos aos segundos: normas de comportamento de direito público protegem direitos subjetivos *enquanto instituição.*

qual o autor pertence é levado em conta para a determinação do cuidado. Assim é que deve ser relevante como um sujeito cuidadoso e consciencioso pertencente ao círculo do autor teria agido naquela situação. Ver a esse respeito Roxin (n. 20), § 24 nm. 47 e ss.; com ulteriores referência também Haas (n. 42), p. 90 e ss.

53. Sobre isso ver R.M. Hare, *Freiheit und Vernunft,* 1983, p. 70 e ss.; G.H. von Wright, *Norm und Handlung,* 1979, p. 114 e ss.; segundo Manfred Moritz, *Theoria* 19 (1953), p. 131, p. 142 e ss., a proposição "dever implica poder" formula ela própria um imperativo. Essa formulação é comumente atribuída a Kant, mas não provém dele; ver L.W. Beck, *Kants "Kritik der praktischen Vernunft*", 1974, p. 292 n. 74. De todo modo, Kant enxergou, sim, essa mesma relação, cf. Zum ewigen Frieden (1795), Anexo I, in: *Kants gesammelte Schriften*, org. pela Königlich Preußischen Akademie der Wissenschaften, primeira parte, tomo 8, 1912, p. 343, p. 370.

54. Claramente Küper (n. 48), p. 275: "Ao contrário, a validade ('extensão') das normas de garantia termina exatamente ali onde o risco permitido começa".

55. Fundamental a esse respeito Haas (n. 42), p. 83 e ss.

b) A falta de normatividade do conceito de bem jurídico

A definição de bem jurídico, usual desde Liszt, como interesse juridicamente protegido é de partida incapaz de atingir os objetivos que com ela se buscam, a saber: estabelecer limites ao legislador penal e determinar a extensão das normas de comportamento. Até o momento em que não sejam oferecidos os pressupostos diante dos quais determinados interesses *fáticos* possam ser considerados legitimamente como *juridicamente* protegidos, qualquer preferência das instâncias legislativas é suficiente para produzir bens jurídicos. Desse modo é que os defensores de um conceito crítico de bem jurídico admitem as grandes dificuldades de preencher esse conceito materialmente, de modo a limitar efetiva e plausivelmente o âmbito do punível.[56] Aliás: não representa uma ironia da história da teoria do bem jurídico o fato de que um conceito desenvolvido precisamente no positivismo, como é o caso do "bem jurídico", seja atualmente utilizado para limitar o legislador penal por meio de critérios externos?[57]

Quando o conceito de bem jurídico é, além disso, usado como critério de interpretação teleológica, escancara-se outro déficit: interesses fáticos não podem decidir sobre a profundidade da proteção jurídica.[58] Caso se argumente que o interesse é transformado em interesse juridicamente protegido por meio da criação da correspondente norma de comportamento, ingressa-se em um círculo: o que dever ser proibido é determinando a partir do que deve ser proibido.[59]

Seria necessário, nesse sentido, um conceito de bem jurídico pensando nos termos do modelo de sociedade liberal, baseado no primado do indivíduo de que parte a Constituição, e que respondesse em que medida o exercício do poder punitivo do Estado é compatível com as condições constitutivas de nossa sociedade.[60] Essa tarefa não

56. Ver por exemplo Winfried HASSEMER in: *Jenseits des Funktionalismus*, org. por H. SCHOLLER/L. PHILIPPS, 1989, p. 85, p. 88 e ss.; ROXIN (n. 20), § 2 nm. 5.

57. Ver também AMELUNG in: *Die Rechtsgutstheorie,* org. por R. HEFENDEHL/A. VON HIRSCH/W. WOHLERS, 2003, p. 155, p. 160 e ss.

58. Ver JAKOBS (n. 42), 2/5; Theodor LENCKNER in: Schönke/Schröder, *StGB*, 26. ed., 2001, comentários prévios ao §§ 13 e ss. nm. 9, 11.

59. Ver HAAS (n. 42), p. 78.

60. Assim corretamente HAAS (n. 42), p. 65; de forma parecida, Bernd SCHÜNEMANN in: *Festschrift für Roxin,* 2001, p. 1, p. 29 alicerça o princípio da proteção de bens jurídicos

pode ser cumprida por uma posição derivada da teoria das normas. Nos termos do que já foi dito até aqui já resta, todavia, claro que o conceito de direito subjetivo deveria possuir papel relevante nesse contexto.[61] Com isso já se chega a algum resultado no que diz respeito às normas que protegem bens individuais: o direito subjetivo é, ao mesmo tempo, fundamento de legitimidade e objeto de proteção dessas normas.[62]

c) A relativização dos direitos subjetivos por meio de ponderação

A terceira objeção está ligada às seguintes considerações. A ponderação de interesses, comumente proposta como método de criação de normas de direito público, baseia-se em uma negação de um mundo pré-estruturado normativamente.[63] Direitos subjetivos, ao contrário, não são resultados de uma ponderação de interesses, pois preexistem ao Estado. Para evitar mal-entendidos: com isso não se quer dizer que ponderações são completamente dispensáveis no direito penal, mas que antes é preciso determinar o lugar correto para que elas ocorram. O direito penal, em razão de sua limitada natureza acessória, pressupõe uma ordem de direito privado que deve ser protegida. Por força do princípio da proporcionalidade, contudo, nem todo direito subjetivo deve ser assegurado em toda a sua extensão pelo direito penal. É no âmbito da norma de comportamento de direito público que deve ser investigado, em interesse do bem comum e por meio de ponderação, como os objetivos de, um lado, possibilitar a liberdade de ação podem ser balanceados com a proteção da integridade dos direitos subjetivos, de outro.[64]

no "contrato social como base de qualquer teoria da Constituição"; ver ademais Roland Hefendehl, *Kollektive Rechtsgüter im Strafrecht*, 2002, p. 59 e ss.; uma outra posição é a procura por limites de direito natural para os comportamentos merecedores de pena em Kristian Kühl in: *Festschrift für Spendel*, org. por M. Seebode, 1992, p. 75 e ss.

61. Uma teoria do bem jurídico orientada a partir de direitos subjetivos foi recentemente desenvolvida por Altenhain (n. 13), p. 293 e ss.

62. Haas (n. 42), p. 58, p. 81 e s., p. 104 e s.

63. Neumann in: *Rechts- und Sozialphilosophie in Deutschland heute*, org. por Alexy/Dreier/Neumann, 1991, p. 248, p. 256.

64. Direitos subjetivos não podem garantir nem uma evitabilidade absoluta de lesões de direito, nem uma liberdade absoluta de exercício de direito. Uma tal dupla garantia está excluída já pelo fato de que toda forma de exercício de direito – em maior ou menor medida – diminui a capacidade para evitar violações de direitos alheios: aquele que quiser estar seguro de que nunca lesionará outra pessoa no trânsito deve deixar o seu carro na garagem.

2. Crítica à teoria da imputação objetiva

Outra consequência diz com o primeiro elemento do conceito de crime, o tipo. As considerações realizadas até aqui possibilitam uma crítica fundamental à teoria da imputação objetiva, reconhecida de forma praticamente geral como uma "supercategoria" que promete resolver todos os problemas de imputação de uma lesão a bem jurídico.

a) O "caso do veneno letal"

A esse respeito, um caso do ano de 1930: T matou a sua mulher com um veneno de rato. O veneno fora anteriormente cedido a T por sua amante M. Como não foi possível provar o dolo de M, ficou excluída a sua punição por participação no homicídio que T cometera. O Tribunal do Império (*Reichsgericht*) condenou M, assim, por homicídio culposo, pois ela poderia e deveria ter reconhecido a destinação que T daria ao veneno.

De acordo com a compreensão da época, autoria era a realização daquelas condições "sob as quais o tipo penal ocorre",[65] isto quer dizer, no sentido da teoria da equivalência, qualquer realização de algo que possa ser visto como condição para a ocorrência do resultado. Uma distinção entre causas principais e acessórias, tal como proposto pelas chamadas "teorias individualizadoras da causalidade",[66] era negada. Todas as condições eram, ao contrário, equivalentes. Daí o nome "teoria da equivalência". Os dispositivos sobre a instigação e sobre a cumplicidade eram, de acordo com esse conceito extensivo de autor adotado pela jurisprudência do Tribunal do Império, causas limitadoras da punibilidade, ou, dito em linguagem da teoria das normas: os dispositivos de instigação e cumplicidade não eram objetos de

65. Ver *RGSt* 21, p. 76, p. 77; Karl Schacht, *Das fahrlässige Zusammenwirken mehrerer Personen*, 1909, p. 22 e s., p. 27, p. 34 e ss.

66. Ver por exemplo Karl Birkmeyer, *GS* 37 (1885), p. 257, p. 272 e ss. (causa como condição eficiente para o resultado); Rudolf Ortmann, *GA* 1875, p. 268 e ss. (causa como uma condição para um resultado); Josef Kohler, *Studien aus dem Strafrecht*. I, 1980, p. 83 e ss. (teoria da condição qualitativamente determinada) bem como a teoria do equilíbrio (Gleichgewichtstheorie) de Binding (*Normen* I, 3. ed., p. 115 e ss.) e a teoria da condição determinante (Lehre von der ausschlaggebenden Bedingung) de Nagler in*: Leipziger Kommentar zum Strafgesetzbuch*, vol. 1, 7. ed. 1954, p. 26 e ss.; atualmente, essas teorias não são consideradas nem dignas de menção, v. Roxin (n. 20), § 11 nm. 6.

normas de comportamento diversas, e pertenciam apenas ao âmbito das normas de sanção. Como essas causas limitadoras da punibilidade não valiam para os delitos culposos, M deveria ser punida nos termos do dispositivo do homicídio culposo, o § 222 StGB.[67]

b) Linhas mestras da teoria da imputação objetiva

Esse resultado é partilhado atualmente de forma praticamente unânime. A fundamentação, é verdade, alterou-se. A palavra mágica já não é mais causação, mas "imputação objetiva".[68] A teoria da imputação objetiva é fundamentada, de um ponto de vista da teoria das normas, da seguinte forma: as normas de comportamento formuladas pela ordem jurídica para a proteção de bens jurídicos não podem ser apreendidas como meras proibições de causação, em razão da infinita extensão das relações de causalidade, mas sim como proibições de criação de perigos não permitidos.[69] O círculo de riscos não permitidos é adicionalmente limitado pelo topos do "fim de proteção da

67. *RGSt* 64, p. 370 e ss.; em detalhes RENZIKOWSKI, *Restriktiver Täterbegriff und fahrlässige Beteiligung*, 1997, p. 160 e ss.

68. A história desse estreitamento do conceito de imputação ainda não foi suficientemente investigada. Originariamente designava-se a complexa operação de fazer-se responsável por uma ação como pergunta prévia à análise jurídica, na tradição de PUFENDORF, como *imputatio facti*. Muito famosa tornou-se a definição de KANT em sua *Metaphysik der Sitten* (1797, in: *Kants gesammelte Schriften*, org. pela Königlich Preußischen Akademie der Wissenschaften, primeira parte, tomo 6, 1907, p. 203, p. 227): "Imputação (*imputatio*), em seu significado moral, é juízo por meio do qual alguém é considerado como autor (causa libera) de uma ação, que assim chamar-se-á fato (*factum*) e estará submetida a leis". Sobre a história conceitual ver Joachim HRUSCHKA in: *Zurechnung als Operationalisierung von Verantwortung*, org. por KAUFMANN/RENZIKOWSKI, 2004, p. 17 e ss. Nesse sentido é que o conceito de "imputação objetiva", que pode ser reconduzido a LARENZ (*Hegels Zurechnungslehre und der Begriff der objektiven Zurechnung*, 1927) e a Richard HONIG (in: *Beiträge zur Strafrechtswissenschaft. Festgabe für Frank*, tomo I, org. por A. HEGLER, 1930, p. 174 e ss.), abarca apenas uma parte da operação originariamente descrita como imputação. Segundo ROXIN (n. 20), § 11 nm. 41 o conceito deve indicar as circunstâncias que fazem de uma causação uma ação típica. Detalhadamente sobre a história desse conceito Christoph HÜBNER, *Die Entwicklung der objektiven Zurechnung*, 2004. A imputação é chamada de *objetiva* porque o que é relevante á a finalidade objetiva de uma ação, ou seja, o que "se" pode alcançar por meio de um comportamento.

69. Ver FRISCH, *GA* 2003, p. 733 – Exemplo: aquele que envia seu tio, de quem é herdeiro, para um voo, desejando que este caia, não cria ainda nenhum perigo juridicamente relevante. Cf. LENCKNER (n. 57), comentários prévios aos §§ 13 e ss. nm. 93. De forma diversa FREUND in: *Münchener Kommentar zum Strafgesetzbuch*, tomo 1, 2003, comentários prévios aos §§ 13 e ss., nm. 176 , para quem a solução é outra caso o sobrinho saiba, por exemplo, que uma bomba-relógio está no avião.

norma": são relevantes apenas aqueles riscos compreendidos pelo fim da norma, qual seja o de proteger determinado bem jurídico.[70]

A imputação de uma lesão a um bem jurídico ocorre em dois passos. O ponto de partida da causalidade equivalente, nos moldes da teoria da causalidade conforme a uma lei natural (*gesetzmäßige Bedingung*), é mantido. M foi causal, então, para a morte da mulher de T, na medida em que esse acontecimento pode ser explicado pela entrega do veneno. Num segundo momento, a causalidade equivalente, tida como naturalista, é submetida a limitações normativas – uma função que na dogmática do direito civil coube à "teoria da adequação". Nos termos da teoria da imputação objetiva, a ação deve ter criado um risco juridicamente proibido para um bem jurídico, e exatamente esse risco deve ter-se manifestado na lesão do bem jurídico.[71] A equivalência das condições que preenchem esses requisitos permanecem, pois. Ela se transforma em uma equivalência dos riscos não permitidos; uma gradação ou nivelamento de diversos perigos não permitidos parece impossível.[72] Em razão disso, M praticou uma ação (culposa) de matar, na medida em que não poderia confiar em uma utilização inofensiva do veneno de rato.[73]

c) Déficits dessa teoria

À teoria da imputação objetiva deve ser reprovado o fato de que ela opera com o conceito de risco não permitido sem explicitá-lo. Uma

70. A teoria do fim de proteção da norma provém originariamente do direito civil cf. Ernst von Caemmerer, *Gesammelte Schriften*, tomo I, 1968, p. 395 e ss., e foi pioneiramente levada ao direito penal por Rudolphi (JuS 1969, p. 549 e ss.) e depois desenvolvida em pormenores por Roxin (*Festschrift für Gallas*, org. por K. Lackner e outros, 1973, p. 241 e ss.). Ao lado do fim de proteção da norma de cuidado, Roxin (n. 20), § 11 nm. 90 e ss. introduziu um outro critério, o "alcance do tipo". Com esse critério, devem ser excluídas da imputação objetiva a contribuição para uma autocolocação em perigo autorresponsável, a heterocolocação em perigo consentida, bem como resultados que estejam na esfera de responsabilidade alheia.

71. Ver, por todos, Lenckner (n. 57), comentários prévios aos §§ 13 e ss. nm. 92, com ulteriores referências.

72. Decididamente Ingeborg Puppe in: *Nomos Kommentar zum StGB*, comentários prévios ao § 13 nm. 163, s. ver ainda nm. 226.

73. Cf. Roxin (n. 20), § 24 nm. 30. Semelhante para a constelação da imprudência sucessiva: O visitante de um teatro esqueceu um revólver carregado e destravado em seu casaco no vestiário. Um funcionário descobre a arma e então atira imprudentemente na direção de um colega. Já o *RGSt* 34, p. 91 ss. igualmente condenara o visitante do teatro por homicídio culposo; de acordo, da perspectiva de hoje (n. 12), p. 231.

explicação poderia partir do conceito de risco, ainda mais em razão de que um risco sem conteúdo deve ser, já por razões conceituais, excluído.[74] Um risco descreve uma determinada relação entre a ação e o resultado típico. Essa relação existe para a teoria da imputação objetiva em função da causalidade equivalente, na medida em que uma distinção entre causas e meras condições é negada. O desvalor objetivo de resultado está consequentemente na realização de um acontecimento que é, com certa probabilidade, condição de uma lesão de bem jurídico.[75] Uma limitação de responsabilidade digna de nota em relação à teoria da equivalência, com isso, ainda não ocorre. É fato que o ponto de vista *ex post* da causação é substituído por uma perspectiva ex ante. Contudo, também sob o domínio do antigo conceito causal de delito nunca se duvidou que a mera causação não implica em um desvalor de ação.[76] No entanto, a finalidade da teoria da imputação objetiva é precisamente selecionar as e decidir entre cada uma das condições do resultado, a ponto de saber se a condição concreta deve ser evitada. Apenas com a sua designação como não permitida é que, de uma relação de condições infinita e, em si considerada, avalorada, constrói-se uma relação de causalidade desaprovada juridicamente. De que lugar surge, no entanto, o padrão do não permitido?

Aqui surge, em primeiro lugar, o perigo da circularidade. Afinal, determinar se alguém praticou uma ação de matar depende, nos termos da teoria da imputação objetiva, se o sujeito criou um risco não permitido em relação à morte de outrem. Uma ação de matar existe, assim, quando a correspondente ação puder ser subsumida à proibição de matar. Em outras palavras: a não permissão de um risco é fundamentada, dessa forma, no fato de sua prática ser proibida por uma norma de comportamento.[77] Evidentemente, ninguém considera expressamente a não permissão do risco como um elemento autônomo

74. Cf. Puppe, *GA* 1994, p. 297, 308 s.

75. Em detalhes a respeito ver Haas (n. 42), p. 290 e ss.

76. Ao contrário, o desvalor de ação era irrelevante para o conceito causal de injusto, na medida em que se tratava apenas do resultado antijurídico, ou seja, de um estado de coisas, ver Ernst Beling, *Die Lehre vom Verbrechen*, 1906, p. 178 e ss.; Liszt (n. 36), p. 134, p. 149; Gustav Radbruch, *Der Handlungsbegriff und seine Bedeutung für das Strafrechtssystem*, 1904, p. 130 e s.; para a concepcão de proibições puras de causação que elabora Kindhäuser vale o mesmo (cf. *Gefährdung als Straftat,* 1989, p. 148; ver também p. 13).

77. Ver também Hans Joachim Hirsch in: *Festschrift für Lenckner*, 1998, p. 119, p. 136.

do tipo. Trata-se, ao contrário, de uma designação geral e abreviada para os elementos descritivos, por meio dos quais os riscos avaliados pelo direito como socialmente inadequados são individualizados. Dessa maneira, a teoria da imputação objetiva ingressa, todavia, em outras tensões. Ela passa a não poder mais dividir o *objeto da imputação* (o desvalor de resultado como aquilo que deve ser evitado) e o *fundamento da imputação* (o desvalor de ação a ser evitado). O objeto da imputação passa a ser definido com um recurso ao fundamento de imputação, na medida em que resultados que não sejam reconduzidos à criação de um risco não permitido não interessam à imputação objetiva e, num sentido inverso, o risco é caracterizado como não permitido precisamente porque é parte de um curso causal juridicamente desaprovado. Dessa forma, o conceito de risco não permitido é determinado autorreferencialmente.[78]

d) Lesão de direito ao invés de imputação objetiva

A teoria das normas indica a vereda para uma alternativa. Objeto de tutela das normas de comportamento que protegem o indivíduo é o direito subjetivo. Com isso tem-se que a lesão ao direito subjetivo é o critério objetivo reitor. O que isso significa? Para exemplificar uma vez mais com a história da árvore que, em razão de uma tempestade, é arremessada para o terreno do vizinho: a turbação da propriedade (*Eigentumsstörung*) que acarreta uma responsabilidade negatória (*negatorische Haftung*) nos termos do § 1004 BGB não está no mero fato de o estado do terreno divergir da vontade de seu proprietário. Afinal, ele poderia remover a árvore a qualquer tempo. De todo o modo, o seu poder de direito (*Rechtsmacht*) decorrente da propriedade, que o permite conformar o terreno de acordo com a sua própria vontade, está em colisão com o direito de propriedade em relação à árvore alheia. O proprietário da árvore possui a faculdade, nos termos do § 903 BGB, de excluir qualquer ingerência alheia sobre a árvore. A turbação da propriedade *enquanto direito* reside no alargamento da esfera jurídica do proprietário da árvore às expensas do proprietário do terreno – concretamente: na usurpação

78. Fundamental HAAS (n. 42), p. 293 e ss.; ver também a objeção de VOGEL (n. 12), p. 60 e s., no sentido de não diferenciar entre a causação do resultado e a responsabilidade por ela.

de uma esfera jurídica alheia.[79] O ponto central dessa posição está no fato de o objeto da imputação ser alargado. Objeto da imputação não é apenas a lesão como "alteração prejudicial de um dado objeto do bem jurídico".[80] Ao resultado também pertence a usurpação de uma esfera jurídica alheia através de uma ação. Aquele que pratica uma ação lesiva a um bem jurídico usurpa uma esfera jurídica alheia e lesiona o direito alheio *enquanto direito*: porque amplia sua liberdade de ação às custas de uma esfera jurídica que pertence a outro sujeito.[81] A operação descrita como "imputação objetiva" é, assim, idêntica à lesão de um direito subjetivo. Nesse sentido é que há muito em favor de um abandono do conceito de imputação objetiva e, em seu lugar, deve-se propor a utilização de um conceito normativo de causalidade. Esse conceito de causalidade deve ser definido a partir da extensão dos direitos subjetivos. Volker Haas propôs recentemente, a partir dessas considerações, um conceito – normativo – de causalidade.[82]

De todo o modo, o conceito de causalidade desenvolvido por Haas é um conceito individualizador, que contradiz de pronto a equivalência de todas as condições do resultado postulada pela teoria da imputação objetiva. Já é tempo de abandonar esse postulado, na medida em que ele contradiz a divisão do mundo jurídico em diversas esferas jurídicas. Em sua essência, a teoria da equivalência é uma teoria coletivista, pois pressupõe que todo o mundo jurídico é

79. Assim Haas (n. 42), p. 99 e ss., com referência a Eduard Picker, Der negatorische Beseitigungsanspruch, 1972, p. 51 e a Karl-Heinz Gursky in: Staudingers Kommentar zum BGB, 12. ed. 1989, § 1004 nm. 17 e ss.

80. Puppe (n. 71), comentários prévios ao § 13 nm. 76.

81. Ver Haas (n. 42), p. 102.

82. Haas (n. 42), p. 184 e ss.; como a função de exclusão do direito subjetivo é apenas o reverso de sua função de gozo, a dedução deve, segundo ele, partir do conteúdo positivo de atribuição da correspondente posição jurídica. Esse conteúdo positivo de atribuição compreende especialmente a autorização para a alteração, por meio de uma intervenção, do estado da esfera jurídica violada. Essa intervenção determinada pode ser descrita de um ponto de vista da teoria da ciência como um processo de transferência de energia. Uma nivelação dos riscos gerais da vida a que todos estão submetidos poderia ser construída sem problemas por esse conceito de causalidade, já que com ele nenhum direito subjetivo foi, ainda, lesionado. Em relação a essa proposta deve-se esperar uma objeção que já fora feita às teorias individualizadoras da causalidade, bem como à teoria da adequação: ela polui a pergunta da causalidade de forma imprópria com considerações normativas ver Roxin (n. 20), § 11 nm. 6 e36. Em face da insuficiente alternativa, qual seja a teoria da equivalência e sua infinitude, essa objeção não deve possuir grande força de convencimento.

pertencente a uma única esfera jurídica, a do Leviatã, a do Estado. Apenas para o titular de uma única esfera jurídica é que todos os acontecimentos são iguais.[83] Em oposição a isso, há um sem número de condições de um resultado ocorrido e juridicamente desaprovado, cuja criação (ainda) não representa um desrespeito ao direito subjetivo do lesionado, muito embora seja proibida. Para retornar ao "caso do veneno letal": com o mero fato de M ter dado a T o meio para que este realizasse o fato, ainda não ocorreu uma violação do direito subjetivo à vida da mulher de T. Mesmo assim, não deixa de ser digno de nota o longo tempo que um conceito de causalidade, que serve de base a um conceito extensivo de autor, sobreviveu.[84] Esse conceito extensivo de autor contraria o direito positivo alemão, que diferencia vários grupos de formas de participação no delito nos §§ 25 e ss. StGB.[85]

A orientação a partir do conceito de direito subjetivo possibilita igualmente que se defina o conceito de fato. O fato a ser imputado deve ser um comportamento em relação ao qual o poder jurídico que advém do direito subjetivo lesionado já é suficiente para proibir ao autor aquela modalidade de ação.[86] Fato é, assim, apenas o acontecimento que causa imediatamente a lesão ao bem jurídico. Uma

83. Haas in: Kaufmann/Renzikowski (n. 46), p. 219.

84. Ver Maximilian von Buri, Zur Lehre von der Theilnahme an dem Verbrechen und der Begünstigung, 1860, p. 21.

85. Ainda assim, a doutrina dominante permanece defendendo um conceito extensivo de autor para os delitos culposos – por todos ver Roxin (n. 20), § 24 nm. 27 com ulteriores referências –, e isso a despeito de defender que dolo e culpa se diferenciam não no âmbito da norma de comportamento violada, mas apenas na estrutura de imputação. Em detalhes a esse respeito ver Renzikowski (n. 66), p. 169 e ss.

86. Haas in: Kaufmann/Renzikowski (n. 46), p. 220. A objeção da "baixa determinação normativa" que Haas (n. 42), p. 31 e ss. opõe a Hruschka estaria assim enfraquecida. Como Hruschka in: *Theorie der Interpretation vom Humanismus bis zur Romantik – Rechtswissenschaft, Philosophie, Theologie*, org. por J. Schröder, 2001, p. 203 e ss. comprovou, o conceito de imputação do direito natural não desapareceu em função do iluminismo, e a imputação não ocorria em um espaço livre de direito (penal). Ao contrário, era reconhecido que a lei (penal) oferecia os pontos de vista fundamentais para a escolha e esclarecimento do "facti" a ser imputado cf. por exemplo Kant, Nachschrift zu Kants Vorlesung über Praktische Philosophie im Wintersemester 1793/94 von Vigilantius, in: *Kants gesammelte Schriften*, org. pela Akademie der Wissenschaften zu Göttingen, tomo 27/2, 1, 1975, p. 475, p. 563: "Na verificação das *circumstantiarum in facto*, para identificar o *momenta in facto*, já é necessário levar em consideração a lei, na medida em que, mesmo que a lei ainda não impute, ela contribui, sim, para a completa determinação do *facti*". De todo o modo, os autores da época ainda não pensavam em termos das categorias do direito subjetivo.

imputação que vá além disso necessita de razões jurídicas adicionais, de modo a fazer com que o autor que não introduziu *in persona* a causa, isto é, que não violou o direito subjetivo como direito, possa ser tratado *como se* tivesse ingressado diretamente em uma esfera jurídica alheia (compare-se a distinção entre autoria mediata e coautoria nos §§ 25 e ss. StGB).[87]

Isso quer dizer que M, no "caso do veneno letal", ao contrário do que propaga a visão aparentemente mais defendida, não deve ser punida pelo homicídio culposo, na medida em que seu comportamento ainda não representa um desrespeito ao direito à vida da vítima. A solução tradicional ignora, além disso, o fato de que a participação culposa não é punível nos termos do StGB – ao contrário do que ocorre no direito penal austríaco, que contém uma regra específica a esse respeito.

3. Antijuridicidade e culpabilidade

A última consequência desse entendimento a respeito do qual gostaria de me manifestar diz com a separação entre injusto e culpabilidade. Aquele que se move por essa temática deve contar com uma sonora gritaria, já que a separação entre injusto e culpabilidade figura como a mais notável conquista da dogmática jurídico-penal alemã.[88]

87. Sobre essas tais razões ver Renzikowski, *Täterbegriff* (n. 66), p. 70 e ss.; o abandono do conceito de imputação objetiva é, por isso, mais do que uma mera questão estética. Afinal, enquanto a doutrina dominante, em razão do conceito infinito de causalidade equivalente, é obrigada a procurar por razões especiais para limitar a punibilidade, aqui o ônus argumentativo é invertido: razões especiais são necessárias para fundamentar uma extensão da responsabilidade. De resto, é significativo que uma boa parte dos casos tratados no contexto da teoria da imputação objetiva sejam casos em que várias pessoas estão envolvidas na lesão ao bem jurídico; ver também Manfred Maiwald in: *Festschrift für Miyazawa*, org. por H.-H. Kühne, 1995, p. 465, p. 480 e s., bem como a discussão sobre "a delimitação dos âmbitos de responsabilidade", cf. Lenckner (n. 57), comentários prévios aos §§ 13 e ss. nm. 100 e ss.; como a maioria dos fatos nesses casos é praticada culposamente, a doutrina dominante desvia intencionalmente o olhar do fato de que, em verdade, tratam-se de casos de autoria mediata; ver Renzikowski, (n. 66), p. 272 e ss.

88. Ver Hans Welzel, *JuS* 1966, p. 421. Nesse contexto refere-se comumente à construção da diferença entre um estado de necessidade justificante e outro exculpante no apagar das luzes do séc. XIX, início do século XX. Em detalhes ver Küper, *JuS* 1987, p. 81 e ss.; Roxin, *JuS* 1988, p. 425 e ss. Assim se ignora que a já mencionada categoria da teoria da imputação desenvolvida na tradição de Pufendorf já continha essas figuras. Diferenciava-se entre três passos: *imputatio facti – applicatio legis ad factum – imputatio iuris.* O aluno de

A teoria do injusto pessoal, ainda hoje dominante, fundamenta essa separação a partir da teoria das normas. Injusto não seria a causação de um resultado desaprovado juridicamente, mas sim a violação de uma norma de determinação (*Bestimmungsnorm*).[89] Tendo como força propulsora a teoria final da ação, o dolo, compreendido no conceito clássico de delito ainda como um elemento da culpabilidade, foi transformado em portador do desvalor de ação. Como elemento material da culpabilidade, permaneceu a capacidade de se motivar conforme a norma.[90]

a) A disputa em torno do chamado problema dos destinatários

A pergunta sobre se existe um injusto não-culpável, compreendido como violação de uma norma de comportamento, diz com o clássico problema dos destinatários tratado no seio da teoria dos imperativos, e foi objeto de intensa discussão no século XIX e ainda no século XX. No capítulo sobre os objetos do direito, afirmou Bentham: "... *the agible subject intended could be none other than a being which at the same time that it is capable of being influenced by the will of the legislator is capable of contributing to the production of the effects in question...*".[91] O destinatário da norma precisa não apenas, assim, estar em condições de produzir o efeito desejado pelo legislador. É, ademais, necessário que o destinatário possa ser influenciado pela vontade do legislador, isto é, pela ordem contida na norma. Sem que Bentham tenha se dedicado em pormenores a esse ponto, com ele ficam excluídos como destinatários aqueles que não podem conhecer a norma ou que, apesar de conhecimento da norma, não estão em condições de se motivar de acordo com ela. A mesma opinião pode ser encontrada em Binding. Inimputáveis não são destinatários da norma. Assim é que não pode existir um injusto não-culpável, compreendido como violação de uma norma de

Pufendorf Joachim Georg Daries (*Observationes Juris Naturalis Socialis et Gentium,* Vol. II, 1754, Obs. LI, §§ I, IV, V, X, XV, XX – XXII) já dispunha mesmo dos conceitos de estado de necessidade justificante e exculpante; ver em detalhes Hruschka, *GA* 1991, p. 1, p. 6 e s.

89. Ver Lenckner (n. 57), comentários prévios aos §§ 13 e ss. nm. 49, 52, 54/55; Roxin (n. 20), § 10 nm. 93; Zielinski (n. 42), p. 127.

90. Ver Lenckner (n. 57), comentários prévios aos §§ 13 e ss. nm. 118; Welzel, *Das Deutsche Strafrecht,* 11. ed. 1969, p. 138.

91. Bentham (n. 2), p. 48 (V.10; ver ademais V.11).

comportamento.[92] A posição contrária, no sentido de um "conceito objetivo de injusto", foi defendida, curiosamente, também por um defensor da teoria dos imperativos. Assim é que Thon compreendia, da mesma forma que Bentham, todo o direito como um complexo de imperativos que se dirigem à vontade dos indivíduos. Apesar disso, ele afirmava, com apoio em Jhering,[93] que o conceito de injusto deveria ser determinado a partir da consequência jurídica. Fundamental seria se a consequência jurídica alcança igualmente aquele autor não culpável. Como a legítima defesa é admitida contra inimputáveis, devem eles, consequentemente, ser considerados como destinatários da norma proibitiva.[94] Que ambas as posições possuem um núcleo verdadeiro fica claro ao observar a opinião de Nagler, que adota o conceito subjetivo de injusto por este possuir o trunfo lógico em suas mãos, mas ressalta que o conceito objetivo de injusto estaria, no entanto, com a verdade.[95]

A discussão em torno de um conceito objetivo ou subjetivo de injusto se deve a uma confusão entre a função de proteção e a função de garantia da ordem jurídica. Caso se atribua aos imperativos uma função distributiva, então chegar-se-á – como já vimos – a uma tensão: a extensão da proteção do direito subjetivo não se deixa harmonizar com o princípio "*impossibilium est nulla obligatio*". Só se pode escapar dessa tensão caso se desvincule a atribuição de direitos da norma de comportamento, que, apesar de se referir àquela, não é a ela de todo correspondente. Esse caminho alternativo foi percebido logo no início. Para que se possa diferenciar entre uma antijuridicidade objetiva e uma violação subjetiva de dever (*Pflichtwidrigkeit*), Goldschmidt desenvolveu uma distinção entre norma jurídica, que exigiria do destinatário um determinando comportamento externo, e uma norma de dever, segundo a qual se deve moldar o comportamento interno de acordo com os anseios das normas jurídicas.[96]

92. BINDING, *Normen* I (n. 4), p. 135 e ss.; IDEM, *Handbuch* (n. 13), p. 158 e s.; para um conceito subjetivo de injusto ver ademais Hold von FERNECK (n. 40), p. 179 e ss.; Adolf MERKEL, *Kriminalistische Abhandlungen,* tomo I: Zur Lehre von den Grundeinteilungen des Unrechts und seinen Rechtsfolgen, 1867, p. 42 e ss., p. 49.

93. JHERING, *Das Schuldmoment im römischen Privatrecht,* 1867, p. 4 e ss.

94. THON (n. 3), p. 76 e ss., especialmente p. 89 na n. 36.

95. NAGLER (n. 23), p. 336.

96. James GOLDSCHMIDT, *Der Notstand, ein Schuldproblem*, 1913, p. 17; IDEM in: *Festgabe für Frank*, tomo I, 1930, p. 428, p. 433 e ss.; próximo, JAKOBS, *Der strafrechtliche Handlungs-*

Segundo Mezger, o injusto consistiria na contradição a uma norma de valoração que não possuiria nenhum destinatário, que era para ele distinta das normas de determinação a serem construída com base naquelas.[97]

b) O conceito de antijuridicidade na discussão atual

A discussão atual em torno do conceito de antijuridicidade encontra-se, de um ponto de vista metodológico, no mesmo estado em que se encontrava há 100 anos. Caso a definição de antijuridicidade esteja ligada à chamada "prova da legítima defesa", isto é, à pergunta se o agredido pela ação deveria possuir um direito legítimo à defesa,[98] será forçoso dizer que toda teoria sobre a distinção entre injusto e culpabilidade é também uma teoria sobre a extensão de pretensões individuais de defesa. No entanto, não é tarefa do direito penal delimitar as esferas jurídicas entre si. Ao contrário, ele se conecta a uma ordem preexistente de atribuições jurídicas que deve ser garantida por meio da ameaça de sanções. Na medida em que a extensão da garantia de direitos subjetivos não é determinada a partir da extensão das normas de comportamento, não se pode de nenhuma forma dizer que a proteção jurídica ao direito de defesa depende da violação de uma norma de comportamento. De tudo isso, permanece o seguinte: como as normas de comportamento não podem exigir o impossível, não resta à culpabilidade nenhum significado transcendente ao conceito de injusto, caso este seja compreendido como violação de uma norma de comportamento. Simplesmente não existe uma violação não culpável de uma norma de comportamento. Quem pensa diversamente parte, na realidade, de uma ideia de legislador que fala sozinho. Normas de comportamento não se dirigem a inimputáveis ou a alguém que não pode se motivar conforme a norma, na medida em que se encontre em situação de necessidade que ameace a sua existência.[99] A partir disso é que se torna compreensível o que se quer dizer quando se fala em

begriff, 1992, p. 43 e s.

97. Edmund Mezger, *GS* 89 (1924), p. 207, p. 240.

98. Ver Hirsch, *ZStW* 94 (1982), p. 239, p. 271; Roxin (n. 20), § 14 nm. 93, § 15 nm. 14, 18, 20.

99. Da mesma forma Freund in: *MüKo-StGB* (n. 68), comentários prévios aos §§ 13 e ss. nm. 215, 244; Santiago Mir Puig, *ZStW* 108 (1996), p. 759, p. 775 e ss., p. 781; Heiko H. Lesch, *Der Verbrechensbegriff*, 1999, p. 203 e ss., p. 217 e ss.; Otto, *ZStW* 87 (1975), p. 539, p. 547 e s., p. 571 e s.

"inexigibilidade de comportamento conforme a norma" nos termos do § 35 StGB. Nas constelações de casos ali abarcados desaparece a norma de comportamento de direito público.[100]

À equiparação entre culpabilidade e violação da norma de determinação é contraposta uma violação da lógica. Injusto (como violação de uma norma de determinação) seria o objeto a ser reprovado, enquanto culpabilidade seria o fundamento (da imputação) desse reproche. Dessa forma, a consciência do injusto não poderia, ao mesmo tempo, pertencer ao objeto da reprovação.[101] É correto que a existência da norma de comportamento não depende do conhecimento do destinatário da norma: ninguém pode criar o seu próprio direito. Mas não é disso que se trata. Caso suponhamos um legislador racional, a norma de comportamento deve estar a priori sob a pressuposição de que ao destinatário da norma é, na situação concreta, possível se orientar conforme a ela. A ação daquele que não está em condições na situação não é nem proibida, nem permitida. Ela está, ao contrário, fora da norma de comportamento, na medida em que também a norma se torna vazia. É insatisfatória a posição de Roxin, segundo a qual as normas de determinação se dirigiriam também

100. Em detalhes a esse respeito Michael Köhler, *Strafrecht*. Allgemeiner Teil, 1997, p. 329 e ss.; Renzikowski, *Jahrbuch für Recht und Ethik* 11 (2003), p. 269, p. 284.

101. Armin Kaufmann in: *Festschrift für Welzel,* org. por G. Stratenwerth e outros, 1974, p. 393, p. 396 n. 4; Reinhard Maurach/Karl-Heinz Gössel/Heinz Zipf, *Strafrecht*. Allgemeiner Teil, tomo 2, 7. ed. 1989, § 43 nm. 2 e ss.; Renzikowski, *Täterbegriff* (n. 66), p. 236 e s.; Schünemann, in: *Bausteine des europäischen Strafrechts*, org. por Schünemann/J. de Figueiredo Dias, 1995, p. 149, p. 166. No fundo, não há diferença em relação à diferenciação proposta por Armin Kaufmann, *Lebendiges und Totes in Bindings Normentheorie,* 1954, p. 138 e s., p. 160 e ss. entre a norma dirigida a todos e o dever que se deduz da norma no caso concreto, que pressupõe tanto a cognoscibilidade da norma, como a capacidade de formação da vontade. Ver também Urs Kindhäuser (n. 75), p. 18: "O correto juridicamente não é uma função da capacidade de realizar o correto juridicamente no fato". Kindhäuser propõe em razão disso um conceito objetivo de proibições de causar (p. 16 nas n. 17, 95, 148) e distingue entre uma violação (objetiva) da norma e uma violação (subjetiva) do dever (p. 13). Essa posição encontrou grande acolhida, cf. Friedrich Toepel, *Kausalität und Pflichtwidrigkeitszusammenhang beim fahrlässigen Erfolgsdelikt*, 1992, p. 16 e ss.; Vogel (n. 12), p. 41 e ss.; contra essa teoria é de se argumentar que por meio dos deveres – como metanormas de comportamento que regulam a vinculação às proibições objetivas de causar – faz-se ingressar novamente no mundo das normas a antes expulsa subjetivação: caso apenas uma lesão contrária ao dever tangencie a ordem de bens jurídicos, os direitos subjetivos são reduzidos de forma inaceitável, cf. Haas (n. 42), p. 108; outras críticas em Renzikowski, *Täterbegriff* (n. 66), p. 256 e ss.

aos inimputáveis, pois eles seriam em regra motiváveis por normas jurídicas.[102] Com esse argumento, ele entra em contradição com a sua própria definição de culpabilidade como o "agir antijurídico apesar de possuir capacidade para ser destinatário de normas".[103] Nos casos do § 20 StGB[104*] falta exatamente essa capacidade de ser destinatário de normas, de modo que um comportamento externo que corresponda à norma é puro acaso.

O que significa, então, a antijuridicidade da qual parte a lei ao exigi-la como pressuposto das medidas de segurança contra inimputáveis? Em primeiro lugar, os inimputáveis não necessitam ser elencados como destinatários de normas de determinação para que a eles seja garantido uma proteção de seu direito de defesa.[105] A antijuridicidade como pressuposto das medidas de segurança é um *estado* perturbador, que deve oferecer a todos uma proteção jurídica negatória abstrata. A todo sujeito de direito capaz de ação, a partir do momento em que a ele seja atribuída a liberdade geral de ação prevista no art. 2 GG, deve ser garantido que essa liberdade de ação não será ultrapassada. Em outras palavras, que o standard descrito pela norma de comportamento será mantido.[106] A natureza jurídica das medidas de segurança, em verdade, é de medida de direito policial de proteção contra perigos, que apenas por razões históricas pertencem ao direito penal.[107] Ao se partir dessas premissas, o problema dos destinatários revela-se como um falso problema.

O direito de legítima defesa apresenta peculiaridades. O direito não conhece apenas estados antijurídicos como consequência de violações de normas de comportamento. Ele conhece – como já foi mencionado – também estados antijurídicos como pontos de apoio para a autorização de removê-los ou evitá-los. Nesse sentido, um comportamento antijurídico é um comportamento que contraria

102. Roxin (n. 20), § 10 nm. 93.
103. Roxin (n. 20), § 19 nm. 36.
104. * N.T. Trata-se do dispositivo sobre a imputabilidade.
105. Contra Roxin (n. 20), § 10 nm. 93.
106. Haas (n. 42), p. 88.
107. Ver Freund in: *MüKo-StGB* (n. 68), comentários prévios aos §§ 13 e ss. nm. 96 e ss.; ver ao contrário BVerfG, *NJW* 2004, p. 739, p. 745 e ss.; p. 750 e ss. (sobre a custódia de segurança). *N.T. Optei por esse termo para a tradução de Sicherungsverwahrung em razão de o direito penal espanhol ter debatido essa figura recentemente sob a rubrica de "custodia de seguridad". Preferi, assim, manter a tradução dos espanhóis.

a distribuição de bens e, em razão disso, o legitimado não precisa tolerá-lo. A proteção defensiva de direitos subjetivos não pressupõe uma violação de norma de comportamento.[108] Se a perturbação do conteúdo de atribuição que possui a ordem jurídica é devida a uma lesão de norma de comportamento, é assunto que releva apenas para a extensão das autorizações para se defender. É a partir desse raciocínio que se propõe que o direito rigoroso de defesa seja limitado às agressão culpáveis – isto é, àquelas que violam a norma de comportamento.[109] A ênfase com que a posição dominante postula um direito de defesa também contra agressões não culpáveis está em estranho contraste com a limitação da defesa permitida por meio da categoria das "limitações ético-sociais à legítima defesa", que, no fundo, transcende a extensão da autorização para atuar em estado de necessidade defensivo.[110]

IV. RESUMO

Espero que o potencial, mas também os limites, da teoria das normas para a dogmática jurídico-penal tenham sido esclarecidos. Apenas com um recurso à teoria das normas não se pode fundamentar quais comportamentos devem ser considerados puníveis, ou, dito de forma mais abrangente: onde ficam os limites do direito penal do Estado. A teoria das normas tampouco oferece argumento para o fundamento e os limites do estado de necessidade exculpante ou, por exemplo, para determinar se o fomento culposo de um fato principal alheio merece pena ou não.

A teoria das normas analisa o direito penal *desde dentro*. Sua utilidade é a de possibilitar uma análise das estruturas dogmáticas e uma crítica da fundamentação das proposições dogmáticas – na melhor tradição da teoria do direito, o que não deve surpreender tendo em vista o seu precursor, Jeremy Bentham. Dessa forma, falsos problemas são desmascarados e, de outro lado, ônus de fundamen-

108. Sobre a fundamentação de um direito geral de estado de necessidade defensivo ver Renzikowski, Notstand (n. 40), p. 43 e ss., p. 243 e ss. com mais referências; a doutrina dominante trata o estado de necessidade defensivo como uma derivação do § 34 StGB; ver Roxin (n. 20), § 16 nm. 63 e ss.

109. Ver por exemplo Hruschka, *Strafrecht nach logisch-analytischer Methode,* 2. ed. 1988, p. 139 e ss.; Jakobs (n. 42), 12/18; Renzikowski, *Notstand* (n. 40), p. 283 e ss.

110. Por todos Roxin (n. 20), § 15 nm. 19, 20, 57 e s. com ulteriores referências.

tação são descortinados. Por fim, a teoria das normas oferece uma chance para uma compreensão mútua do discurso jurídico-penal europeu – Bentham escreveu sob a tradição jurídica inglesa, que é levada adiante nos tempos mais recentes por Hart.[111]

Concretamente: a teoria das normas, como metateoria, ilumina a dogmática jurídico-penal. Apenas depois é que podemos *enxergar* se a dogmática está bela.[112]

111. Também Hart diferencia, na tradição de Bentham, entre normas de comportamento e de sanção. As normas de comportamento pertencem às "primary rules", e as normas de sanção às "secondary rules", cf. Hart (n. 12), p. 34 e s., p. 97 e s.; em detalhes Renzikowski (n. 2), p. 11 e s.; a posição contrária pode-se ver por exemplo Röhl (n. 6), p. 192; essa posição aparentemente também em Stemmer in: Leist (n. 15), p. 53 e ss.

112. Sobre a estética como critério para a correção jurídica de uma teoria ver Joachim Lege, *Pragmatismus und Jurisprudenz*, 1999, p. 563 e ss.

DEVERES E DIREITOS – RELAÇÃO JURÍDICA E IMPUTAÇÃO[1]

A teoria das normas é uma das bases da dogmática do direito penal. Poder-se-ia dizer que se trata de uma "metateoria". Ao possibilitar uma análise de estruturas dogmáticas e uma crítica da fundamentação de enunciados dogmáticos, a teoria das normas costura o direito penal "por dentro". Seu potencial não se esgota apenas nisso. Outras contribuições são de se esperar, quando se voltam os olhos para a contrapartida do dever: a posição jurídica protegida. Como nenhum outro, Gössel iluminou a parte geral do Direito Penal com a teoria das normas.[2] A ele dedica-se este estudo, a propósito de seu septuagésimo quinto aniversário.

I. INTRODUÇÃO

A distinção, ligada ao nome de Karl Binding, entre normas primárias de comportamento, que proíbem ou obrigam os cidadãos a

1. Trad. Adriano Teixeira.

2. Assim, sobre o erro de tipo permissivo, GÖSSEL in: *Festschrift für Triffterer*, 1996, 93 ss.; sobre os delitos culposos GÖSSEL in: *Festschrift für Bruns,* 1978, 43 ss.; IDEM. In: *Festschrift für Bengl,* 1984, 23 ss.; sobre os crimes omissivos MAURACH/GÖSSEL/ZIPF *Strafrecht.* Allgemeiner Teil, Teil, vol. 2, 7. ed. 1989, § 45 nm. 12 ss.; sobre a dogmática do concurso de agentes MAURACH/GÖSSEL/ZIPF AT-2, § 47 nm 26 ss.

determinadas ações, e normas secundárias de sanção, que autorizam o juiz a impor uma sanção para um delito estabelecido, pertence há muito tempo ao senso comum da ciência jurídico-penal alemã.[3] Até agora a atenção tem sido dirigida para o aspecto do dever. Por exemplo, justifica-se a localização do dolo no tipo com a função de determinação da norma de comportamento: apenas aquele que antevê as consequências de seu agir pode seguir a norma que proíbe a produção justamente dessas consequências.[4] O outro lado do dever, qual seja, a posição jurídica protegida, ignora-se amplamente. Com isso, permanece-se, com efeito, na tradição de Binding. Binding considerava direitos subjetivos completamente irrelevantes para a projeção dos delitos individuais, porque agressões nos afetariam não *enquanto direitos*, mas tão só em seus pressupostos fáticos enquanto agressão ao "mundo dos bens".[5]

Na sequência, não será estabelecida uma nova teoria do bem jurídico. Cuidar-se-á, na verdade, primeiramente da relação entre direito e dever: normas de comportamento referem-se a relações jurídicas entre um obrigado e um legitimado (*Berechtigte*)(II.). Nessa relação, em si banal, baseava-se já a concepção jurídico-penal liberal de Feuerbach. Nessa medida, a teoria das normas não se presta apenas para algumas considerações críticas acerca da fundamentação de leis penais (III.), mas, além disso, permite extrair consequências para a imputação de resultados: se normas de comportamento proíbem a lesão de bens jurídicos, no sentido de impedir que uma conduta seja causal para uma lesão de bem jurídico (objetivamente imputável), então são típicas apenas as ações que se afiguram como uma deterioração de uma relação jurídica. Disso resulta um conceito individualizado de causalidade como base de um conceito restritivo de autor (IV.).

3. Sobre a sua origem v. RENZIKOWSKI in: *Festschrift für Gössel*, 2002, 3 ss.

4. Cf. JESCHECK/WEIGEND *Lehrbuch des Strafrechts.* Allgemeiner Teil, 5. ed. 1996, 241 ss.; KÜHL *Strafrecht.* Allgemeiner Teil, 5. ed. 2005, § 3 nm 5; SCHÖNKE/SCHRÖDER/LENCKNER/EISELE *StGB*, 27. ed. 2006, Comentário prévio ao §§ 13 ss. nm 54/55 ss.; WESSELS/BEULKE *Strafrecht.* Allgemeiner Teil, 36. ed. 2006, nm 139 ss.; WOLTER *Objektive und personale Zurechnung von Verhalten, Gefahr und Verletzung in einem funktionalen Strafrechtssystem*, 1981, 152 ss.

5. BINDING *Die Normen und ihre Übertretung.* Primeiro Tomo: Normen und Strafgesetze, 3. ed. 1916, 338, 353 ss. por isso, não é amigo da "concepção jurídica individualista" e da a ela inerente distinção entre bens jurídicos individuais e bens da sociedade.

II. DIREITOS COMO FUNDAMENTOS PARA DEVERES

Cada dever ou obrigação pressupõe o juízo segundo o qual atribui-se ao demandado (*Verlangte*) um valor especial, em razão do que é ele exigido. Assim, por exemplo, baseia-se o § 212 StGB no fato de que a vida humana é tida como inviolável e valiosa, de modo que é imperativo que se lhe garanta proteção jurídica. Fala-se da vida humana como um "interesse juridicamente protegido". Armin Kaufmann denominou esse juízo de valor de "norma de valoração".[6] Essa terminologia é ambígua, pois as razões do legislador, tomadas por si mesmas, carecem de efeitos externos. Elas não são dirigidas a ninguém; o que, então, deveriam elas regular?[7] Na realidade, tratam-se de normas distributivas, que alocam esferas de liberdade juridicamente garantidas. O reconhecimento de posições jurídicas concretas pressupõe, por sua vez, o estabelecimento de determinados deveres jurídicos. "O direito subjetivo não é (...) um *permite-se* (*Dürfen*), mas um pode-se (*Können*), e um pode-se observado meramente do ponto de vista de uma outra pessoa, justamente do obrigado".[8] Desse modo, apenas a restrição da liberdade de um, através do estabelecimento de deveres, possibilita a liberdade do outro, garantida juridicamente. Dever e direito constituem, por isso, dois lados da mesma medalha; eles descrevem o âmbito de liberdade mutuamente traçada, ou como em Kant: a "reunião das condições, sob as quais o arbítrio de um pode ser conciliado com o arbítrio do outro segundo uma lei geral da liberdade".[9] Nesse sentido, conforme o Art. 2 item 1 GG,[10*] a liberdade de desenvolvimento pessoal encontra sua limitação nos direitos de outrem. Esse limite é marcado pela interação entre direito e dever: a liberdade de um é o dever do outro. Por essa razão, as normas

6. Armin Kaufmann *Lebendiges und Totes in Bindings Normentheorie*, 1954, 74 ss.

7. V. sobre isso Renzikowski *Restriktiver Täterbegriff und fahrlässige Beteiligung*, 1997, 237 ss.

8. Hold von Ferneck *Die Rechtswidrigkeit*, primeiro volume: Der Begriff der Rechtswidrigkeit, 1903, 106 (destaque no original).

9. Kant *Metaphysik der Sitten* (1797), Akademieausgabe, Tomo 6, 1907, 203, 230; cf. sobre isso também K. Günther in: *Institut für Kriminalwissenschaften*, Frankfurt a.M. (org.), *Vom unmöglichen Zustand des Strafrechts*, 1995, 445 ss.; Ripstein *Philosophy & Public Affairs* 34 (2006), 215, 229 ss.

10. *(N.T.): Esse dispositivo da Constituição Alemã – em tradução livre – diz: "Cada um tem o direito ao livre desenvolvimento de sua personalidade, na medida em que não lesione os direitos de outrem e não viole a ordem constitucional e as leis morais" (Jeder hat das Recht auf die freie Entfaltung seiner Persönlichkeit, soweit er nicht die Rechte anderer verletzt und nicht gegen die verfassungsmäßige Ordnung oder das Sittengesetz verstößt).

de comportamento não podem ser interpretadas exclusivamente como ponto de partida para sanções.[11]

Para determinar a relação entre direito e dever, primeiro deve-se iluminar mais de perto o conceito de Direito, mais precisamente: o conceito de direito subjetivo. O direito subjetivo pode ser entendido como uma dupla faculdade: como faculdade de dispor de um determinado objeto (função de gozo) e como faculdade correspondente de excluir intervenções não autorizadas na própria esfera de domínio (função de exclusão). Tal como o § 903, primeira parte, BGB expressa com clareza exemplar: "O proprietário de uma coisa... pode proceder com a coisa da forma que lhe aprouver e excluir outrem de qualquer intervenção" (N.T: redação original: "*Der Eigentümer einer Sache kann... mit der Sache nach Belieben verfahren und andere von jeder Einwirkung ausschließen*"). Função de exclusão e de gozo são diferentes descrições de uma mesma relação jurídica: de um lado da perspectiva do não legitimado e, de outro, da perspectiva do legitimado.[12] Ambas as funções aplicam-se à vida, à incolumidade física, *à liberdade e a outros direitos subjetivos. O detentor pode deles dispor – com exceção do* §§ 216, 228 StGB[13*] – a seu talante. Autonomia privada em um sentido amplo significa, portanto, a unidade entre as posições jurídicas garantidas e a realização das preferências individuais.

Entretanto, direito subjetivo e norma de comportamento não são complementares. As normas de comportamento não cobrem todo o

11. Cf. a crítica de RENZIKOWSKI *ARSP* 87 (2001), 110, 121 a HOYER *Strafrechtsdogmatik nach Armin Kaufmann. Lebendiges und Totes in Armin Kaufmanns Normentheorie*, 1996, 44 ss.

12. HAAS *Kausalität und Rechtsverletzung,* 2002, 56 ss.; conforme outra dicção, a atribuição de conteúdo (Zuweisungsgehalt) e a função de exclusão devem caracterizar o direito subjetivo (ver. KLEINERT *Persönliche Betroffenheit und Mitwirkung – Eine Untersuchung zur Stellung des Deliktsopfers im Strafrechtssystem*, 2007, 79 ss.), uma distinção material não existe.

13. *(N.T.): O autor refere-se ao tipo penal do "homicídio a pedido" (*Tötung auf Verlangen* – § 216 StGB), em que se pune o homicídio mesmo à pedido, ou seja, com o consentimento da vítima. Trata-se, no entanto, de um homicídio privilegiado, pois a pena (seis meses até cinco anos) é substancialmente inferior às penas das demais formas de homicídio (simples e qualificado – *Totschlag* e *Mord*). O outro dispositivo referido pelo autor, o § 228 StGB, prevê a licitude da lesão corporal praticada com o consentimento da vítima, a não ser que o fato viole os "bons costumes" (*guten Sitten*). A doutrina e jurisprudência atuais aplicam essa cláusula dos bons costumes quando a lesão corporal representa um perigo de morte ou ao menos uma lesão essencialmente grave para a vítima.

espectro da atribuição de direitos, como se vê no exemplo das regras de trânsito. O meio mais seguro de evitar as milhares de mortes anuais no trânsito seria uma proibição ampla do tráfego automobilístico. O legislador, todavia, pondera, em prol da maior liberdade de ação possível para todos, entre riscos potenciais para a esfera jurídica dos afetados e a utilidade da locomoção mais rápida. Para, em um caso concreto de acidente, produzir um equilíbrio de interesses, o direito serve-se da responsabilização por colocações em perigo, que não se ancora na violação – culpável – de uma norma de comportamento. Com isso, o direito subjetivo não é, de forma alguma, abandonado, mas passa a não mais ser protegido por *normas de comportamento*. Isso torna-se especialmente claro na responsabilização do proprietário do carro (*Fahrzeughalter*) § 7 StVG (= Código de Trânsito alemão). Algo semelhante ocorre no direito de segurança técnica (*Sicherungsrecht*) e no campo do desenvolvimento industrial, onde sistemas de responsabilização por riscos desempenham um papel importante.[14]

Do exposto já se esclarece que os deveres de comportamento são estabelecidos soberanamente. A medida do que é requerido juridicamente é determinada pela comunidade juridicamente constituída – como já demonstrou a teoria dos imperativos[15] –, segundo sua noção de uma distribuição ótima de liberdade para todos as partes. Uma vez que o próprio Estado produz o ordenamento da vida em comunidade, as normas de comportamento são normas de direito público.[16] Como verificou Binding, o criador de uma norma é sempre ao mesmo tempo o legitimado.[17] É, então, a coletividade que tem seu direito inobservado, quando o autor transgride a norma de proibição. A legitimação do cidadão favorecido pela norma de comportamento é, por conseguinte, apenas mediata. Esse ponto de vista reconduz-se diretamente à clássica teoria dos imperativos, e o indivíduo, bem como o direito subjetivo parecem perder-se em virtude disso.

14. Como exemplo apontam-se os §§ 1 I ProdHaftG e 25 ss. AtomG.

15. Mais de perto sobre isso Renzikowski in: Alexy (Hrsg.), *Juristische Grundlagenforschung*, ARSP-Beiheft Nr. 104, 2005, 115, 119 ss.

16. Assim também a doutrina dominante, cf. Jescheck/Weigend *Lehrbuch*, 233; H.-L. Günther *Strafrechtswidrigkeit und Strafunrechtsausschluß*, 1983, 95; Frister GA 1988, 291, 300; Haas Kausalität (n. 10), 76; Kleinert (n. 10), 84 ss.; Otto *Pflichtenkollision und Rechtswidrigkeitsurteil*, 3. ed. 1978, 15, 49.

17. Binding (n. 4), 97; assim também Haas *Kausalität* (n. 10), 76, 78 ss. e recentemente Kleinert (n. 10), 84 ss.

Não há uma alternativa à classificação de direito público da norma de comportamento. Com efeito, as normas de comportamento são vistas de forma diversa das normas do direito privado, no sentido que elas distribuem as esferas jurídicas entre os cidadãos através da atribuição de direitos e deveres.[18] Permanecendo, desse modo, a infração de uma norma de direito privado em um mero conflito privado, não se pode explicar por qual razão reage-se com uma pena de caráter público. Ainda mais claramente evidencia-se o caráter de direito público das normas de comportamento na punibilidade da tentativa inidônea. O detentor do direito subjetivo protegido pela norma de comportamento não pode, ele próprio, reclamar nenhuma pretensão de preservação de seu direito nos casos em que não há de fato qualquer ameaça de lesão. Isso significa que a tentativa inidônea sequer existe do ponto de vista do direito privado – embora ela represente o menoscabo do outro. Isso porque a norma de comportamento que o autor do delito tentado viola é idêntica à norma de comportamento que viola o autor do delito consumado correspondente.[19] A tentativa inidônea toca, portanto, o plano das normas de comportamento do direito público, não do direito subjetivo. Seria, porém, bastante disparatado e superficial reconhecer, um ao lado do outro, dois sistemas de normas de comportamento de mesmo conteúdo – de direito privado e de direito público.

Mas disso ainda não se deduz que se tenha que adotar a teoria imperativa, também na medida em que, segundo sua variante clássica, as normas jurídicas fundamentam-se apenas da perspectiva do soberano – absolutista. É verdade que, segundo Bentham, a legislação deve orientar-se pelo imperativo de maximização de utilidades,[20] mas o que

18. Assim, anteriormente, Hold von FERNECK (n. 7), 110, 126 ss., 143 ss.; assim também RENZIKOWSKI *Notstand und Notwehr*, 1994, 168 ss.; sobre a crítica seguinte v. HAAS *Kausalität* (n. 10), 79 s.

19. Do ponto de vista da teoria das normas, isso fundamenta-se com a premissa de que as normas de comportamento, em razão de sua função de determinação, devem-se apoiar necessariamente na representação dos destinatários da norma no momento da ação, de modo que ele possa decidir se transgride a norma ou não, ver FREUND *Erfolgsdelikt und Unterlassen*, 1992, 56 ss.; IDEM. *GA* 1991, 387, 390 ss.; ZIELINSKI *Handlungs- und Erfolgsunwert im Unrechtsbegriff*, 1973, 137 ss.; cf. também JAKOBS *Strafrecht*. Allgemeiner Teil, 2. ed. 1991, 25/15. Se o destinatário da norma reconhece o perigo de seu comportamento e mesmo assim age, da perspectiva ex ante da norma de comportamento, é um mero acaso caso nada aconteça.

20. BENTHAM *Grundsätze der Civil- und Criminalgesetzgebung*, primeiro volume, org. por BENEKE, 1830, 35 ss.

é melhor para o bem comum decide o soberano.[21] Em um Estado de direito liberal, ao revés, o direito fundamenta-se desde a perspectiva dos cidadãos. Conforme a autoimagem de sua Constituição – pode-se citar, por exemplo, o acento à intangibilidade da dignidade humana disposto no Art. 1 I 1 GG, a evocação de direitos humanos invioláveis e inalienáveis no item 2, bem como a garantia da essência dos direitos fundamentais, irrevogável por qualquer legislação e intervenção, no Art. 19 II GG – o Estado reconhece os direitos humanos dos cidadãos. Segundo essa ideia, o indivíduo é mais que um "conjunto de relações sociais", isto é, uma pessoa autônoma, perante a qual o exercício do poder estatal tem que se legitimar. Na tradição das fundamentações do direito e da sociedade com fulcro no contrato social, de Locke até Kant, a ordem jurídica baseia-se no reconhecimento mútuo dos indivíduos enquanto pessoas dotadas de autodeterminação. Direitos subjetivos não são, assim, resultado de atos de benevolência, com os quais a autoridade agracia os seus súditos; eles não são criados originalmente pelo Estado, senão que são conceitualmente preexistentes e juridicamente reconhecidos.

A teoria dos imperativos descreve corretamente a proteção jurídica dos cidadãos por meio de normas de comportamento "de cima pra baixo". Por conta de sua origem sócio-histórica,[22] ela carece da complementação liberal, da ideia de Estado de direito, para poder ser utilizada. Ao lado do estabelecimento de normas "de cima pra baixo", sobressai-se a fundamentação normativa "de baixo pra cima", a partir do indivíduo. A acessoriedade do direito penal não quer dizer coisa diversa. Pressupõe-se um ordenamento de atribuição de direitos, que deriva sua legitimação no âmbito dos delitos contra bem jurídicos individuais da referência aos direitos subjetivos. Com isso, também fica claro o objeto de proteção das normas de comportamento que protegem indivíduos: é o próprio direito subjetivo![23]

21. A ideia de direitos subjetivos inalienáveis enquanto limitação do poder estatal denomina Bentham de *Anarchial Fallacies* in: *Works*, Vol. II, ed. p. Bowring, 1843, 489, 501 e também de "nonsense upon stilts".

22. A teoria dos imperativos reporta-se, em última análise, à concepção absolutista de Estado e de direito de Hobbes, *Leviathan* 1651, Chap. XXVI. Na edição inglesa, encontra-se pelo que sei, pela primeira vez a denominação de "Law" como "Commands".

23. Como Haas *Kausalität* (n. 10), 81 apontou, deve-se, porém, distinguir entre a função de garantia e a função proteção do ordenamento jurídico.

Assim explica-se também a cautela fundamental do Estado na reclamação processual de uma lesão da norma. Direitos subjetivos realizam-se primariamente através do ordenamento do direito privado. Entretanto, a autonomia privada, de nenhum modo, transfere ao cidadão a faculdade de impor normas de comportamento, senão que abre-lhe um espaço de conformação através do *ius cogens* criado pelo ordenamento jurídico estatal.[24] Com o reconhecimento de direitos subjetivos, segue-se que, primeiramente, cumpre ao cidadão, enquanto atingido pela violação de uma norma de comportamento, reclamar judicialmente o seu dano. Justamente nisso revela-se sua autorresponsabilidade, que diz respeito não só à conformação de sua própria liberdade, mas também ao exercício do direito. O Estado não impõe sua proteção jurídica, mas apenas oferece ao cidadão um processo de proteção jurídica, do qual o interessado pode fazer uso conforme seus próprios interesses. Nesse sentido, o ordenamento jurídico privado procura garantir a ideal distribuição de esferas de liberdade em interesse dos indivíduos. Ele é responsável em primeiro lugar pela preservação da atribuição de direitos de direito público.[25]

No entanto, o injusto permanece sempre uma insurreição contra a vontade da coletividade. Quando a frustração da expectativa de comportamento no processo civil não pode ser completamente trabalhada, a persecução criminal entra em atividade independentemente de o cidadão atingido querer aproveitar-se da proteção jurídica. Esse é, segundo uma sugestão atual de Kleinert, sempre o caso, quando "a base de confiança na preservação das relações recíprocas de reconhecimento"[26] é suspensa pelo delito, ou, formulado de outra forma, quando o delito prejudica não só o indivíduo em sua subjetividade jurídica, mas ao mesmo tempo a estrutura normativa da ordem jurídica como um todo: "No crime manifesta-se... a lesão objetiva do

24. Fundamental a esse respeito Kleinert (n. 10), 88; por isso, não é pertinente a explicação do consentimento como renúncia ao direito. O consentimento pressupõe justamente que o direito permaneça; ele é realização do direito – e renúncia à *proteção* jurídica.

25. Nessa medida, o direito subjetivo é, de fato, um "poder jurídico"; v. também Kleinert (n. 10), 90.

26. Kleinert (n. 10), 103 s. com referência a E.A. Wolff in: Hassemer (org.), *Strafrechtspolitik – Bedingungen der Strafrechtsreform*, 1987, 137, 215 e Köhler *Strafrecht*. Allgemeiner Teil, 1997, 30.

direito subjetivo 'enquanto instituto'."[27] Formulado de um ângulo de visão kantiano: através do crime "o ente comum e não meramente uma única pessoa ... são postos em perigo",[28] porque o ladrão, por exemplo, faz "todas as outras propriedades tornarem-se inseguras".[29]

Um claro critério para diferenciar um comportamento punível de uma – mera – infração civil ainda não foi mencionado. A teoria analítica das normas esbarra aqui em seus limites. De qualquer modo, essa questão localiza-se no plano da fundamentação da norma – secundária – de sanção. Pertinente a essa questão é o princípio constitucional da proporcionalidade (*Verhältnismäßigkeitsprinzip*), para cuja concretização o BVerfG[30*] concedeu ao legislador uma ampla margem de liberdade na controversa "decisão da cannabis".[31]

III. DO BEM JURÍDICO À RELAÇÃO JURÍDICA

1. Bem jurídico e direito subjetivo

A referência de bens jurídicos aos cidadãos não constitui nada de novo. Há muito é uma pretensão da "teoria pessoal do bem jurídico" derivar todos os bens jurídicos dos interesses das pessoas individuais. Assim, interesses da coletividade somente são reconhecidos na medida em que servirem ao bem dos indivíduos.[32] O contexto de legitimação com isso formulado não deve ser aqui tematizado mais a fundo. Na verdade, o restante desta investigação concentra-se na hipótese de que a teoria pessoal do bem jurídico – assim como o tradicional conceito formal de bem jurídico – não apreende corretamente o objeto de proteção da norma de comportamento que protege indivíduos.

27. Kleinert (n. 10), 104.

28. Kant (n. 8), 331.

29. Kant (n. 8), 333 – ao dispensar a si mesmo do direito (v. a nota de rodapé ao comentário A ao § 49 na p. 321).

30. *(N.T.): Bundesverfassungsgericht. Trata-se do Tribunal Constitucional Federal da Alemanha.

31. BVerfGE 90, 145, 171 ss.; sobre isso, mais detidamente, Lagodny *Strafrecht vor den Schranken der Grundrechte*, 1996, 64 ss.; ásperas críticas em Schünemann in: Hefendehl/von Hirsch/Wohlers (Hrsg.), *Die Rechtsgutstheorie*, 2003, 142, 145 ss.

32. Ver por exemplo, Hassemer *Theorie und Soziologie des Verbrechens*, 1973, 232; idem, *Strafen im Rechtsstaat*, 2000, 160 ss.; Marx *Zur Definition des Begriffs "Rechtsgut"*, 1972, 63.

Segundo o conceito formal de bem jurídico, que se reconduz a v. Liszt, sob bem jurídico deve-se entender um "interesse juridicamente protegido".[33] É verdade que o conceito formal de bem jurídico hoje é rejeitado quase que univocamente,[34] mas a crítica concentra-se essencialmente ao seu caráter vazio de conteúdo e à sua arbitrariedade. Ao "interesse" também reporta-se o conceito pessoal de bem jurídico, com a diferença de que ele se vincula apenas ao indivíduo.[35]

Um conceito de bem jurídico entendido desse modo descreve uma relação binária entre um sujeito e um determinado estado de coisas: "X tem um interesse em S". Ancorando-se no conceito pessoal de bem jurídico, trata-se de um interesse de um indivíduo detentor de bem jurídico. Essa construção conceitual, porém, deixa a desejar, pois ela já não indica por qual razão um interesse individual deveria ser digno de proteção. Schünemann formula drasticamente que não é qualquer interesse, não "a mais tola veleidade do indivíduo egoísta", que pode ser elevado a bem de proteção.[36] Consequentemente, o Estado deveria determinar quais interesses individuais merecem especial proteção. A escolha seletiva entre diferentes interesses individuais, todavia, estaria sob suspeita de uma paternalismo estatal.

De fato, o ordenamento jurídico não contempla de forma alguma finalidades individuais concretas, senão que atribui âmbitos de liberdade juridicamente protegida, nos quais cada um pode perseguir suas necessidades conforme seu bel-prazer. Não é tarefa do direito otimizar a persecução individual de interesses, mas garantir a liberdade de persecução de interesses que não são possíveis fora da sociedade civil.[37] O campo de atuação da liberdade assim demarcado já denominava Savigny de "direito subjetivo".[38] Assim, o direito subjetivo presta-se à observância de interesses individuais e é capaz de compreender todas pensáveis constelações. Ele é o meio

33. Von Liszt *ZStW* 3 (1883), 1, 19, que se apoia com isso na teoria do direito de Jhering (*Der Geist des römischen Rechts auf verschiedenen Stufen seiner Entwicklung*, terceira parte, primeira seção, 1865, 316); detalhes a esse respeito em Haas (n. 9), 61 e ss.

34. Por todos Roxin *Strafrecht*. Allgemeiner Teil, Tomo 1, 4. ed. 2006, § 2 nm 4 s.

35. Cf. NK/Hassemer *StGB*, 2. ed 2005, comentários prévios ao § 1 nm 131 ss.; v. ainda Koriath *GA* 1999, 561, 569 s.; Wessels/Beulke AT, nm 7.

36. Schünemann *GA* 1995, 201, 207.

37. Altenhain *Das Anschlußdelikt,* 2002, 295 s.

38. Savigny *System des heutigen römischen Rechts*, Tomo 1, 1840, 331 ss.; mais de perto, sobre isso, Röhl *Allgemeine Rechtslehre,* 2. ed. 2001, 327 ss.

da persecução de interesses e não se confunde com estes. O anterior alinhamento do conceito de bem jurídico aos interesses baseia-se, portanto, em uma falsa compreensão da tarefa do direito, eis que não se distinguia entre posições jurídicas alocadas e a motivação de sua observância.[39]

Afinal, o conceito tradicional de bem jurídico restringe-se a um pensamento em categorias de dano: normas de comportamento proíbem lesões de bens jurídicos. Mas, devido ao princípio "*casum sentit dominus*", a ocorrência de um dano ainda não fundamenta a responsabilidade de um outro por isso.[40] A questão da responsabilidade não se coloca então, bem no sentido da estatista concepção jurídica do século XIX, caso se parta da premissa de que o indivíduo seja apenas portador da vontade da coletividade.[41] Nessa representação do direito e da sociedade, o indivíduo afigura-se apenas como um item contabilizável no balanço de bens de toda a sociedade. Talvez não seja uma coincidência que a teoria do bem jurídico tenha se desenvolvido no século XIX justamente a partir da rejeição da posição de Feuerbach derivada da teoria jusfilosófica do contrato social, segundo a qual todo crime é caracterizado pela lesão de um direito.[42]

39. Kleinert (n. 10), 86.

40. Ver Haas *Kausalität* (n. 10), 69.

41. Nagler in: *Festschrift für Binding,* 2. Tomo, 1911, 273, 298; cf. também Thon *Rechtsnorm und subjektives Recht*, 1878, 110 s.: "Não é possível confrontar dessa forma os interesses da comunidade com o dos indivíduos. (...) A propriedade não é protegida pela ordem jurídica em nome de fulano ou sicrano: em função do interesse comum é que o instituto jurídico da propriedade foi criado, na medida em que o gozo exclusivo dos bens materiais pelo indivíduos (...) é, para a comunidade, de eminente relevância (...)".

42. Feuerbach *Lehrbuch des gemeinen in Deutschland gültigen Peinlichen Rechts*, org. por Mittermaier, 14. ed. 1847, § 21: "quem extrapola os limites da liberdade jurídica, comete uma lesão jurídica, ofensa (Läsion); Quem lesiona a liberdade afiançada pelo contrato social, assegurada pelo direito penal, comete um crime". Essa teoria era dominante até os anos 30 do século XIX – cf. Abegg *Lehrbuch der Strafrechts-Wissenschaft*, 1836, 4 s.; Grolmann *Grundsätze der Criminalrechtswissenschaft,* 3. ed. 1818, §§ 1 ss., 20 ss.; Henke *Handbuch des Criminalrechts und der Criminalpolitik*, 1. Vol., 1823, 386 s.; Kleinschrod *Systematische Entwickelung der Grundbegriffe und Grundwahrheiten des peinlichen Rechts*, Primeira Parte, 3. ed. 1805, §§ 5, 7; Tittmann *Grundlinien der Strafrechtswissenschaft und der deutschen Strafgesetzkunde*, 1800, §§ 5 ss., 22 –, antes de ela sucumbir à crítica de Birnbaum Archiv des Criminalrechts, N.F., 1834, 149 e ss., que no lugar da lesão de direito colocou o conceito de lesão de bem jurídico. Mais sobre isso Haas (n. 10), 61 ss.

O argumento de que a teoria da lesão de direito de Feuerbach não pode prevalecer também devido à sua incompatibilidade com a configuração histórica do direito penal, [43] é conhecido. No entanto, indica-se um retorno ao pensamento liberal na ideia de ordenação de direitos subjetivos. Um delito de lesão caracteriza, logo, horizontalmente a lesão de uma relação jurídica e verticalmente a transgressão de uma norma de comportamento.[44] A isso corresponde a distinção kantiana "entre aquilo que é mera formalidade e aquilo que também é materialmente injusto":[45] injusto material é, por exemplo, no furto, o estorvo da relação jurídica entre o autor e a vítima por meio do menoscabo da propriedade; injusto formal é a violação do direito enquanto tal.[46] Expresso de outra forma: a lesão do direito subjetivo é o ensejo (*Anlass*), a transgressão da norma de comportamento de direito público é a razão para a punição.

A afirmação de Binding de que o delito refere-se simplesmente ao lado fático do bem jurídico[47] merece decisiva contestação. É verdade que um furto não suprime a propriedade da vítima em relação à coisa subtraída (cf. também § 935 I 1 BGB). Mas as faculdades decorrentes da propriedade da vítima, mencionadas no § 903 BGB, são plenamente prejudicadas. Por isso, é ao menos enganoso caracterizar bens jurídicos como algo "real".[48] A mera intervenção em um objeto corporal (§ 90 BGB) não interessa em absoluto ao direito penal – desde que o vínculo a um legitimado (aqui: o proprietário), em outras palavras: seu direito subjetivo não seja afetado.

Contra a concepção aqui desenvolvida não se pode objetar nem com a punibilidade da tentativa inidônea, nem com a existência de delitos de perigo abstrato. É certo que, em ambos os casos, a punibi-

43. Mais detidamente AMELUNG *Rechtsgüterschutz und Schutz der Gesellschaft*, 1972, 39 ss.

44. Assim também ALTENHAIN (n. 33), 295 ss.; K. GÜNTHER (n. 8), 446 ss.; HAAS *Kausalität* (n. 10), 58 ss.; KLEINERT (n. 10), 106 s.

45. KANT (n. 8), p. 307 s. (nota final a § 42). A indicação a esse respeito devo ao Prof. ARTHUR RIPSTEIN (Toronto).

46. "Mas eles praticam injusto em mais alta medida, porque eles retiram do conceito de direito mesmo toda validade" (*ibidem*).

47. V. acima em nota 4.

48. V. por exemplo, ROXIN AT-1, § 2 nm 66; como aqui, por exemplo, GÖSSEL JR 1980, 184, 185, que denomina o bem jurídico do § 303 StGB [n.t: crime de dano] de "posição jurídica formal da propriedade incluindo o poder jurídico que daí materialmente resulta".

lidade não se apoia na lesão de um direito subjetivo, porém a norma de comportamento estende-se até a antessala da verdadeira lesão jurídica. Também a tentativa – inidônea – é materialmente o menoscabo da posição jurídica alheia, muito embora sem lesão ao direito subjetivo. Os delitos de perigo abstrato são constituídos pelo direito público, mas eles legitimam-se, outrossim, por meio dos direitos subjetivos do indivíduo, como desde sempre salienta a teoria pessoal do bem jurídico. Aqui, bens jurídicos individuais transformam-se em bens jurídicos coletivos; ao lado da prevenção policial de riscos, entra em cena a prevenção através do direito penal. Para a intervenção do direito penal, é decisivo que, na tentativa, bem como em determinados riscos, se manisfeste a instabilidade da ordem de atribuição de direitos (*Rechtszuweisungsordnung*). Quando a ordem jurídica almeja a otimização da liberdade, ela não pode se esgotar na reação a lesões de direitos já consumadas. Proibições de risco prestam-se, portanto, à efetivação da proteção da ordem de atribuição de direitos e apoiam-se, com isso, da mesma forma, em direitos subjetivos.[49]

2. Bens jurídicos coletivos e relações de direito

A concepção do delito como lesão de direito pode ser transposta à lesão de bens jurídicos coletivos. Expresso de outra forma: bens jurídicos coletivos também têm que ser pensados enquanto relações jurídicas. Como já discutido, duas funções são características de um direito (subjetivo): a função de gozo, entendida como faculdade de dispor de um determinado objeto, bem como a função de exclusão, entendida como a faculdade de excluir intervenções desautorizadas no objeto. Nos bens jurídicos coletivos, a totalidade dos membros da sociedade é a detentora do direito. Para a sua observância, a comunidade juridicamente constituída cria sua própria instituição, o Estado. Aos órgãos estatais atribui-se a – nesse sentido derivada – faculdade de disposição em vista do gozo do objeto e da exclusão de não autorizados. Eles atuam representando a comunidade juridicamente constituída.

Esse contexto fica claro, por exemplo, nos delitos ambientais. Os recursos naturais encontram-se em propriedade da coletividade.

49. Cf. Kleinert (n. 10), 105 com referência à proteção jurídica negatória do direito civil. No entanto, isso é muito restrito; além disso, a proteção de riscos do direito público basta.

A coletividade estabelece regras para sua exploração. Quem, sem autorização, polui um corpo d'água (§ 324 I StGB), violando deveres administrativos adiciona materiais ao solo (§ 324 a I StGB) ou causa modificações no ar (§ 325 I StGB), inautorizadamente remove lixos (§ 326 StGB), e sem a necessária permissão empreende uma construção danosa ao meio ambiente (§ 327 StGB), será responsabilizado penalmente. Esses delitos são classificados principalmente como delitos de perigo abstrato. Essa classificação refere-se, a um, a possíveis riscos para outros seres humanos, que em parte pertencem aos pressupostos típicos (assim, por exemplo, nos §§ 324 a I Nr. 1, 325, 325 a, 326 I Nr. 1 e 2 StGB), a dois, em parte ao contexto de legitimação, às consequências para o meio ambiente em questão.[50] Mas em todos esses casos, o autor estende sua própria esfera jurídica em detrimento do direito da coletividade; ele lesiona sua função de exclusão. Um outro exemplo são os delitos de falso testemunho (*Aussagedelikte*) (§§ 153 ss. StGB). O dever de verdade processual, que o autor viola nas diversas alternativas típicas, não é nada diverso do que uma relação jurídica entre o Estado e o detentor do dever de informação. Para ficar no paralelo com o § 903 BGB: o Estado estabelece possibilidades de proteção jurídica, à cuja configuração pertence o dever de verdade, entre outros. Quem quiser utilizar essas instituições, deve observar sua "ordem de funcionamento", doutra forma não é aceito.[51]

Também aqui pode-se observar que as normas de comportamento não cobrem completamente o campo da atribuição de direitos. Assim a responsabilização policial por danos (*Störerhaftung*) não pressupõe que alguém tenha praticado uma ação ilícita. Como perturbador (*Zustandsstörer*) pode ser responsabilizado aquele de cujo terreno partem emissões danosas, mesmo que ele propriamente não tenha criado essa situação. A responsabilização como danificador tampouco pressupõe a violação de uma norma de comportamento; basta que alguém, sem culpa, crie um risco não permitido. No direito

50. Sobre a discussão cf. por exemplo Schönke/Schröder/Cramer/Heine comentário prévio ao §§ 324 ss., nm 9; MüKo-StGB/Schmitz, vol. 4, 2006, comentários prévios aos §§ 324 ss., nm 10 ss. com outras referências.

51. Nesse sentido, a administração da justiça é o bem jurídico protegido pelos delitos de falso testemunho, cf. por exemplo, Schönke/Schröder/Lenckner comentários prévios aos §§ 153 ss., nm 2, com outras referências.

público, pensar em termos de relações jurídicas não é algo completamente novo.[52]

Se, portanto, bens jurídicos da coletividade também podem ser pensados como relações jurídicas, é preciso ao mesmo tempo apontar para os limites dessa abordagem. Da análise do objeto de normas de comportamento ainda não resulta nenhum critério material para indicar quando uma relação jurídica desse tipo pode fundamentar-se legitimamente – ou no modo de expressar da teoria pessoal do bem jurídico: quando os interesses de todos os membros da sociedade possuem, juntos, um peso suficiente para justificar o estabelecimento de um dever para a proteção desse interesse geral.[53] Desde que se queira, além disso, aferrar ao princípio de que a mera desobediência administrativa ainda não é punível,[54] a fundamentação de uma relação jurídica tomada por si só não basta para legitimar a intervenção do direito penal. Tampouco com isso pode o direito penal distinguir-se do direito das infrações administrativas (*Ordnungswidrigkeitenrecht*), pois também uma infração administrativa pressupõe a lesão de uma norma de comportamento que objetiva a proteção de uma relação jurídica.

3. Consideração final

O pensamento em termos de relações jurídicas como objeto de proteção das normas de comportamento, que servem de base para as normas de sanção, deixa claro o caráter acessório do direito penal, segundo o qual o legislador orienta-se pela ordem primária pré-penal do direito civil e do direito público.[55] Na linguagem da teoria das normas: as normas de sanção secundárias apoiam-se nas normas primárias de comportamento do direito público e do direito civil, que, por seu turno, orientam-se pelas regras de atribuição de direito correspondentes. As normas dos ordenamentos jurídicos parciais estatuem direitos dos indivíduos ou direitos do Estado de exigir algo de outros,

52. Fundamentalmente Achterberg *Die Rechtsordnung als Rechtsverhältnisordnung*, 1982; ver ainda Gückelberger *Die Verjährung im öffentlichen Recht*, 2004, 165 ss., 176 ss.

53. Cf. Raz *The Morality of Freedom*, 1986, 208.

54. Cf. *BGHSt* 11, 263, 264; de forma diferenciadora Roxin AT-1, § 2, nm 131.

55. Isso é amplamente reconhecido, cf. por exemplo H.-L. Günther (n. 13), 154 ss.; idem. *JuS* 1978, 8, 12 ss.

mas não afetam interesses ou bens.[56] O direito penal só poderia implementar uma ordem primária se houvesse bens ou interesses que não poderiam ser submetidos à proteção do direito civil ou do direito público. Isso, no entanto, seria uma contradição em termos: "se nem um particular, nem o Estado são legitimados a exigir de terceiros uma abstenção, então não se vê de que lugar retira o Estado a legitimação para implementar essa exigência através da ameaça de pena".[57]

Segundo essa concepção, o direito penal não é chamado a implementar determinadas noções morais ou tabus, pois não se pode pensar em nenhuma pretensão *jurídica à implementação de padrões obrigatórios meramente morais*.[58] Algo correspondente vale para a proteção da "saúde pública", que serve de base para a Lei de Entorpecentes,[59] ou a proteção da "ordem pública", com o que se intitula o sétimo capítulo do StGB.[60] Um "Estado de geral segurança jurídica e de convívio pacífico dos cidadãos", bem como "o sentimento de segurança fundado na confiança da população na continuação desse Estado"[61] redunda na preservação da constituição jurídica da sociedade civil. Mas, quando a soma de todas relações jurídicas condensa-se numa nova super-relação jurídica, incorre-se numa aporia.[62]

IV. LESÃO DE DIREITO E IMPUTAÇÃO

Como visto, o objeto de proteção das normas de comportamento é o direito subjetivo. Por conseguinte, o pensamento em termos de relações jurídicas tem de atuar também na imputação.[63] O critério relevante é a lesão de direito.

56. V. também Appel *Verfassung und Strafe*, 1998, 386 s.; Altenhain (n. 33), 298.

57. Altenhain (n. 33), 299; divergente Frisch in: *Festschrift für Stree/Wessels*, 1993, 69, 82 (com nota 56); contra ele, corretamente Kleinert (n. 10), 100.

58. V. também Altenhain (n. 33), 296 s. (como nota 93); já em Kant (n. 8), 239 consta, "pressupor-se uma finalidade, isso não pode se dar através de nenhuma legislação externa".

59. V. BT-Drs. 8/3551, 23 s.; não problematizado em detalhes pelo *BVerfGE* 90, 174 ss.

60. Mais detidamente sobre os delitos contra a paz pública Hefendehl *Kollektive Rechtsgüter im Strafrecht*, 2002, 284 ss.

61. Schönke/Schröder/Lenckner/Sternberg-Lieben § 126, nm. 1, com ulteriores referências.

62. Sobre o problema análogo do "conjunto de todos os conjuntos" na matemática v. Levy *Basic Set Theorie*, 1979, 6 s.

63. Cf. também Kahlo in: Hefendehl/von Hirsch/Wohlers (org.), *Die Rechtsgutstheorie*, 2003, 26, 36 ss, que, do mesmo modo, pensa em termos de relações jurídicas – no

O que se quer dizer ilustra-se no seguinte exemplo. Por conta de uma tempestade, uma árvore cai no terreno do vizinho. A perturbação da propriedade, que deflagra uma responsabilidade segundo o § 1004 BGB, não reside no mero fato de que o estado do terreno do vizinho divirja da vontade de seu proprietário, pois ele poderia remover a árvore a qualquer tempo. No entanto, o poder jurídico que emana da propriedade de plasmar seu terreno conforme sua própria vantagem colide com o direito de propriedade sobre a árvore alheia. Seu proprietário tem, de acordo com o § 903 BGB, a faculdade de excluir qualquer intervenção sobre a árvore. A perturbação da propriedade do terreno *enquanto direito* constitui, portanto, na ampliação da esfera jurídica do proprietário da árvore às custas do proprietário do terreno vizinho, ou expresso de outra forma: na usurpação da esfera jurídica alheia.[64] O ponto central dessa concepção reside na ampliação do objeto de imputação. Objeto de imputação não é apenas o dano, entendido como "mudança prejudicial de um dado bem jurídico", como sugestiona Puppe.[65] Ao resultado pertence também a usurpação da esfera jurídica alheia através de uma ação. Pois quem empreende uma ação que lesiona um bem jurídico, usurpa a esfera jurídica alheia e lesiona o direito alheio *enquanto direito*: ao estender sua liberdade de ação às custas de outras esferas jurídicas.[66]

1. Por um conceito individualizador de causalidade

A teoria da imputação objetiva, hoje amplamente difundida, não leva em consideração esse contexto, porque ela pensa somente em categorias de dano e não na categoria da relação jurídica. Comumente, a imputação de uma lesão de bem jurídico ocorre em dois passos: primeiro, conforme a teoria da equivalência das condições modificada, investiga-se se alguém, através de sua ação, colocou uma condição regular para a realização da lesão de bem jurídico. Num segundo passo, a causalidade, enxergada naturalisticamente, é submetida a restrições normativas. A ação analisada deve ter criado

entanto sem emancipar-se da teoria da imputação objetiva.

64. Haas *Kausalität* (n. 10), 99 ss. com referência a Picker *Der negatorische Beseitigungsanspruch,* 1972, 51 und Staudinger/Gursky *BGB*, 12. ed. 1989, § 1004 nm 17 ss.

65. NK/Puppe Comentários prévios ao § 13, nm 72 ss.

66. Haas *Kausalität* (n. 10), 102.

um risco juridicamente proibido para o bem jurídico e justamente esse risco deve ter se precipitado na lesão de bem jurídico.[67]

De certo modo, o erro de origem da teoria da imputação objetiva é o seu apego à causalidade equivalente, que, com efeito, em razão de sua demasiada amplitude, justifica pretensamente a necessidade de critérios de imputação adicionais.[68] Essa considerável ampliação da responsabilização não é eliminada de nenhum modo pela imputação objetiva, ao contrário: a equivalência das condições causais torna-se uma equivalência dos riscos proibidos; uma demarcação dos distintos riscos não permitidos deve ser considerada impossível.[69] É deliberadamente ignorado que uma tal posição é incompatível com a diferenciação legal entre as diferentes formas de intervenção no delito e com o conceito restritivo de autor que subjaz a essa distinção.

A postulada equivalência de todas as condições do resultado contraria a divisão do mundo da vida em distintas esferas jurídicas. Em sua essência, a equivalência dos riscos não permitidos é uma tese coletivista, pois ela pressupõe que todo o mundo da vida seja enxergado como uma única esfera jurídica, a do "Estado" Leviathan. Apenas para o detentor de uma e mesma esfera jurídica, todo acontecimento conta igual.[70]

Por outro lado, há incontáveis condições para um resultado juridicamente desaprovado, cuja colocação ainda não representa nenhum menoscabo do direito subjetivo do atingido, embora elas possam ser proibidas. – Por exemplo: *A* embriaga-se em um bar e mais tarde vai embora, anunciando seriamente que agora finalmente irá castigar fisicamente sua esposa *E* de forma devida. O embriagar-se per se ainda não prejudica a integridade física de *E*, mas é ilícito, o que já se

67. Por todos Schönke/Schröder/Lenckner/Eisele, comentários prévios aos §§ 13 ss., nm 91 ss. com ulteriores referências.

68. Por exemplo Roxin AT-1, § 11 nm 11 e 44 ss.

69. Assim decididamente NK/Puppe comentários prévios ao § 13 nm 180 e 245.

70. Ver Haas in: Kaufmann/Renzikowski (org.), *Zurechnung als Operationalisierung von Verantwortung*, 2004, 215, 219. Se e em que medida o estatismo dominante à época favoreceu a vitória da teoria da equivalência, seria objeto de uma pesquisa própria. Porém, Binding, cujo pouco apreço por direitos subjetivos individuais não pode ser negado, era um apoiador do uma teoria individualizante da causalidade. Sobre a sua "teoria do equilíbrio" (Gleichgewichtstheorie) (n. 4, 112 e ss.) com mais detalhes Ling *Die Unterbrechung des Kausalzusammenhanges durch willentliches Dazwischentreten eines Dritten*, 1996, 106 ss., 120 ss.

mostra no fato de que contra *A* pode-se atuar policialmente, conforme o § 13 SOG-LSA.[71] Ou: o cozinheiro *C*, violando o Art. 14 I c/c Abs. 2 lit. b do regulamento Nr. 178/2002 do Parlamento Europeu e do Conselho de 28 de Janeiro de 2002 (Abl. EG Nr. L 31, 1), deposita alimentos estragados na dispensa. A saúde do convidado *G* só é posta em perigo se lhe for servida comida preparada com os ingredientes estragados.

Como vantagem da teoria da equivalência afirma-se frequentemente o fato de ela não onerar a causalidade com valorações normativas, e sim possibilitar a demarcação de um âmbito externo de responsabilização, ao qual só então as categorias jurídicas de valoração ancorar-se-iam.[72] Mas que tipo de âmbito de responsabilização é esse que faz do fabricante de carros e do construtor de rua (co-)causadores do acidente fatal de trânsito em decorrência de uma direção sob embriaguez? Que a causalidade equivalente, tomada por si mesma, ainda não decide sobre o preenchimento do tipo objetivo, e que outros critérios de imputação têm de entrar em jogo,[73] é em si evidente, mas é apenas um débil consolo. Isso vale ainda mais na medida em que a visão tradicional potencialmente prejudica o causador. Se tipos de lesão proíbem a causação de um dano, mas a causalidade de uma ação verifica-se, então é necessária uma razão adicional que explique por que o causador, excepcionalmente, não pode ser responsabilizado. Por outro lado, um conceito de causalidade estreito desloca o ônus de fundamentação a favor do "autor". Se ele próprio não causou o dano, então precisam ser mencionadas razões especiais que expliquem porque ele, apesar disso, pode ser responsabilizado.[74] Isso é demonstrado de forma especialmente destacada pelo dominante conceito extensivo de autor nos crimes culposos: não sendo punível a

71. Cf. também Haas *Kausalität* (n. 10), 79 s.; a dominante "solução do tipo" da a.l.i.c. – v. por todos Baumann/Weber/Mitsch *Strafrecht.* Allgemeiner Teil, 11. ed. 2003, § 19 nm 35; Roxin AT-1, § 20 nm 59 ss. – repousa, no entanto, sobre o fundamento de um conceito extensivo de autor, assim expressamente Spendel JR 1997, 133 ss.

72. Roxin AT-1, § 11 nm 7. Essa é a principal objeção contra a teoria da adequação e as chamadas "teorias individualizantes da causalidade". Mas também a decisão a favor da teoria da equivalência é uma decisão normativa, v. Frisch in: *Festschrift für Gössel,* 2002, 51, 57 ss.

73. Assim Roxin AT-1, § 11 nm. 11.

74. Ver também Haas *Kausalität* (n. 10), 280 s.

cumplicidade culposa em relação a um crime doloso alheio conforme o § 27,[75*] há que se valorá-la justamente como autoria culposa![76]

Tudo indica que o correto é definir o conceito jurídico-penal de causalidade de antemão de forma normativa, recorrendo à amplitude dos direitos subjetivos, ou seja, o conceito de causalidade deve retratar a lesão jurídica. Antes deve-se perguntar se o direito penal prende-se, por razões pré-jurídicas, a um determinado conceito de causalidade, como sugerem os defensores da teoria da equivalência. Já em vista da multiplicidade dos conceitos de causalidade que concorrem na ciência natural e na filosofia,[77] isso é dificilmente imaginável. Decisivo é se uma possível definição de causalidade está em melhor condições de contribuir para a resolução do problema jurídico de se alguém com seu comportamento lesou uma relação jurídica, ou se foi outra pessoa que o fez. Uma vez que a função de exclusão do direito subjetivo – como mostrado – é o outro lado da função de gozo, a construção conceitual deve embocar-se no conteúdo de atribuição da respectiva posição jurídica.

A partir dessas considerações, Volker Hass sugeriu um conceito normativo de causalidade.[78] A função de gozo do direito subjetivo transmite ao detentor do direito a faculdade de determinar o Estado de seu próprio domínio, especialmente alterá-lo através de uma intervenção. Conforme a função de exclusão do direito subjetivo, que corresponde ao outro lado da função de gozo, o detentor do direito tem uma pretensão de conformar sua esfera jurídica de tal a modo a cessar processos de intervenção que poderiam gerar uma alteração no Estado do respectivo domínio (cf. § 903 BGB). Nesse sentido, Haas

75. *"Como cúmplice será punido quem tenha dolosamente prestado ajuda a outro para o cometimento de um delito doloso e antijurídico". (Als Gehilfe wird bestraft, wer vorsätzlich einem anderen zu dessen vorsätzlich begangener rechtswidriger Tat Hilfe geleistet hat).

76. Ver, por todos, SCHÖNKE/SCHRÖDER/CRAMER/HEINE comentário prévio ao §§ 25 ss. nm 112 s. e 117; ROXIN *Strafrecht*. Allgemeiner Teil, vol. 2, 2003, § 25 nm 8 s.; um famoso exemplo para isso é o RGSt 61, 318 ss.: O réu envenenara sua esposa. Ele arranjara o veneno com a sua amante, cujo dolo não pode ser demonstrado. Contra essa decisão, RENZIKOWSKI *Täterbegriff* (n. 6), 169 ss. com ulteriores referências sobre o estado da controvérsia.

77. Ver por exemplo MEIXNER *Theorie der Kausalität*, 2001; SCHNEPF *Die Frage nach der Ursache: systematische und problemgeschichtliche Untersuchungen zum Kausalitäts- und Schöpfungsbegriff*, 2006; SORABJI *Necessity, cause and blame*, 1979.

78. HAAS *Kausalität* (n. 10), 185 ss.

pleiteia que "o conceito de causalidade, que deve definir a extensão do direito de exclusão do detentor do respectivo direito subjetivo, seja derivado da função de gozo do direito subjetivo".[79] Nesse ponto, a teoria da equivalência é completamente inadequada; esse déficit, porém, também não é completamente suprido pela teoria da imputação objetiva.

Se, com isso, já foi dita a última palavra, é uma questão que não precisa ser aprofundada nesta sede. Deve bastar a indicação de que o conceito normativo de causalidade traz consigo várias vantagens: a partir dele pode-se explicar o "não permitido" da ação típica: o menoscabo do direito alheio. Por outro lado, a teoria da imputação objetiva até hoje não logrou explicitar o conceito de risco não permitido.[80] No desrespeito doloso do direito alheio não mais se coloca a questão do risco permitido.

Não obstante, a teoria da imputação objetiva possui um núcleo correto, a saber, no delito culposo. Aqui, por exemplo, o critério do comportamento alternativo conforme ao direito não restringe a relação entre ação e resultado, senão que exclui a imputação extraordinária do acontecimento antijurídico enquanto contrária ao dever, nos casos em que o agente, mesmo agindo como devido, não seria capaz de seguir a norma de comportamento que proíbe a intervenção direta no círculo jurídico alheio.[81] Por exemplo: A dirige na cidade com uma velocidade de 60 km/h. Quando o pedestre P quer atravessar a rua, A não consegue frear e o atropela causando-lhe a morte. Posteriormente, descobre-se que P também teria morrido se A tivesse seguido o limite de velocidade prescrito de 50 km/h, pois P entrou deliberadamente na pista. A intervenção direta na esfera jurídica de F foi o atropelamento. Com o excesso de velocidade, no entanto, A ainda não tocou o direito subjetivo de P. A norma do limite de velocidade deve – tão só – garantir a capacidade de A de evitar uma lesão

79. Haas *Kausalität* (n. 10), 187.

80. Crítica detalhada em Haas *Kausalität* (n. 10), 284 ss.; pertinente também é a censura de circularidade de Hirsch in: *Festschrift für Lenckner*, 1998, 119, 136: a não permissibilidade do risco é fundamentada com o argumento de que sua colocação é proibida por uma norma de comportamento.

81. Haas *Kausalität* (n. 10), 304; idem, *Zurechnung* (n. 66), 219 ss.; mais sobre a imprudência como caso de imputação extraordinária Hruschka *Strafrecht nach logisch-analytischer Methode,* 2. ed. 1988, 322 ss.; Kindhäuser *GA* 1994, 197, 204 ss.; Renzikowski *Täterbegriff* (n. 6), 224 ss.

jurídica. Ela não cumpre sua função, por exemplo, quando, por assim dizer, P corre em direção ao veículo de A.

2. A teoria da lesão de direito como base do conceito restritivo de autor

Ancorando-se o conceito de causalidade na lesão de direito, obtém-se a base normativa para o conceito restritivo de autor. É uma das curiosidades da história da dogmática que as chamadas "teorias individualizadoras da causalidade", cuja origem, em oposição à teoria da equivalência, se deve, entre outros, à distinção legal entre autoria e participação, atualmente caíram no esquecimento. Por outro lado, a teoria da equivalência goza de quase unânime adesão, embora ela represente a base para o conceito extensivo de autor, segundo o qual, no plano do injusto, a distinção entre diferentes formas de intervenção no delito é impossível devido à equivalência de todas as causas.[82] Os dispositivos relativos ao concurso de agentes (§§ 25 e ss. StGB) representam, segundo essa concepção extensiva, considerações tipificadas de determinação judicial da pena. O conceito extensivo de autor é rejeitado atualmente pela dogmática jurídico-penal alemã, sem que chame a atenção a incompatibilidade entre a alegada equivalência jurídica de todas as causas e o conceito restritivo de autor. Com razão censura Hamdorf na sua pesquisa de direito comparado o fato de que a teoria alemã ainda esteja presa no pensamento causal e possa salvar-se do sistema unitário de autor apenas recorrendo à lei.[83]

Por outro lado, pensar em termos de lesão de direito possibilita um conceito restritivo de autor – mais precisamento: um conceito restritivo de fato.[84] Como visto, realiza o tipo de um delito de lesão

82. Ver *RGSt* 21, 76, 77; von Buri *Zur Lehre von der Theilnahme an dem Verbrechen und der Begünstigung*, 1860, 21; Mezger *Strafrecht*, 1931, 416; Kohlrausch *ZStW* 55 (1936), 384, 394.

83. Hamdorf *Beteiligungsmodelle im Strafrecht*, 2002, 268.

84. Em *Täterbegriff* (n. 6), 67 ss. tentei, da teoria pessoal do bem jurídico e da teoria pessoal do injusto, que relacionam-se entre si, fundamentar um conceito restritivo de autor. Nisso, apoiei-me no conceito de ação e pugnei por uma proibição de regresso no caso do agir autônomo do homem de trás. Haas *Zurechnung* (n. 66), 220 prosseguiu essas considerações. Ele desenvolve um "conceito restritivo de fato" a partir da esfera do lesionado e rejeita uma proibição de regresso. Isso é de todo pertinente na medida em que, sob o pressuposto de uma proibição de regresso no caso do agir autorresponsável, não se pode explicar a coautoria de forma convincente, v. Kindhäuser in: *Festschrift für Hollerbach*, 2001, 627, 644 ss.

apenas aquele que desrespeita a função de exclusão do direito alheio. É o caso, por exemplo, do assassino que atira na vítima, e não, porém, daquele que lhe entrega a arma e também não daquele que lhe dá essa missão.[85] Tampouco usurpa a esfera jurídica da vítima aquele que, no caso da autoria mediata, utiliza-se de um "instrumento".[86] Também aquele que, em um assalto a banco, mantém presos os clientes, *por si só* não lesiona o direito de propriedade do dono do banco, senão que é necessária uma razão jurídica especial para que o comportamento de seu comparsa, que coage o caixa a entregar o dinheiro, seja-lhe imputado. Por conseguinte, as regras da autoria mediata (§ 25 I 2. alternativa StGB) e da coautoria (§ 25 II StGB) são regras de imputação constitutivas que ampliam a autoria em relação a realizações típicas de mão própria mencionadas no § 25 I 1. alt. StGB.[87] O autor mediato e o coautor são tratados como se tivessem empreendido a ação típica em sua própria pessoa. Para a coautoria, na qual a imputação recíproca pode até substituir a causalidade da contribuição individual, isso é inclusive amplamente reconhecido.[88] Para fundamentar a punibilidade do cúmplice e do instigador, são necessárias normas de comportamento especiais que apreendam o comportamento do partícipe.[89] Assim, existe uma diferença qualitativa entre autoria e participação, que pode ser descrita na linguagem da teoria das normas. No âmbito dos delitos culposos, o conceito restritivo de autor poderia ser mantido de forma consequente, se, nas hipóteses em que mais de um agente está envolvido, impute-se conforme as regras da autoria mediata e da coautoria.[90] A consequência prática seria uma restrição da punibilidade culposa, que hoje é demasiado extensa.

85. De modo que a concepção de participação pressupõe forçosamente uma proibição de regresso, cf. Hruschka *ZStW* 110 (1998), 581, 586 ss.

86. Exemplo segundo BGHSt 30, 363: A quer matar B e convence C a cometer um assalto a banco. C deve dopar B e recebe de A um sonífero para esse fim, que, na realidade, contém um veneno fatal. C, não consciente disso, prossegue para executar o plano.

87. Assim também Gimbernat Ordeig *ZStW* 80 (1968), 915, 917 (cf. nota 2), 919; SK/Hoyer, *StGB*, 32. Lief. März 2000, comentários prévios ao § 25 nm 15; Kühl *AT*, § 20 nm 6; Wohlers *ZStW* 108 (1996), 61, 81.

88. Ver por exemplo Dencker *Kausalität und Gesamttat,* 1996, 137 s.; Herzberg *ZStW* 99 (1987), 49, 54 s.; Stratenwerth/Kuhlen *Strafrecht.* Allgemeiner Teil I, 5. ed. 2004, § 12 nm 77.

89. Nesse sentido também Stratenwerth/Kuhlen *AT* I, § 12 nm 121.

90. Sugestão correspondente em Renzikowski *Täterbegriff* (n. 6), 261 ss.; v. ainda SK/Hoyer § 25 nm 152 ss.; MK/Joecks *StGB*, vol. 1, 2003, § 25 nm 240 ss.; Luzon Peña/Diaz

Contra uma diferenciação qualitativa entre o injusto do autor e o injusto da participação voltam-se, desde sempre, os representantes da "dogmática jurídico-penal funcional". Segunda essa visão, os tipos delitivos estabelecem o que é uma "perturbação social". O delito é, para todos os agentes, a mesma "perturbação social". Seu desempenho coletivo fundamenta uma responsabilidade comum. Uma demarcação das diversas formas de intervenção no delito de acordo com a sua importância só seria possível quantitativamente. Logo, autor não é – diferentemente do partícipe – aquele que realizou o tipo de mão própria ou agiu por último, mas sim determina-se tendo em vista o merecimento de pena, enquanto principal responsável. Por isso, decisivo não seria a distinção entre autoria e participação, mas sim entre uma intervenção punível em uma perturbação social (acessoriedade) e um comportamento não punível.[91] Consequentemente, as formas de intervenção no delito atuam – tão só – como figuras de punibilidade.[92]

Essa posição desemboca, notadamente de forma contrária à autocompreensão de seus defensores,[93] em um conceito extensivo de autor.[94] Do ponto de vista da teoria das normas, é interessante que essa posição se despede da ideia de que aos tipos penais subjazem normas de comportamento que se dirigem aos cidadãos e que devem influenciar seu comportamento. Ao invés disso, as expectativas de comportamento só importam em sua validade e são observadas sob o

y Garcia in: *Festschrift für Roxin*, 2001, 575, 598 ss.; porém, uma transposição da autoria mediata para o cometimento de delito culposo é unanimemente rejeitada – cf. por todos Schönke/Schröder/Cramer/Heine Vorbem §§ 25 ss. nm 114 bem como OLG Braunschweig *NJW* 1997, 3254 s. –, enquanto a coautoria culposa encontra cada vez mais apoiadores, v. sobre isso Renzikowski in: *Festschrift für Otto,* 2007, 423 ss. com várias referências sobre o estado da discussão.

91. Bloy *Die Beteiligungsform als Zurechnungstyps im Strafrecht,* 1985, 160 s., 191 s., 205, 249 s.; Jakobs *GA* 1996, 253, 257 ss.; idem. in: *Festschrift für Lampe,* 2003, 561, 570 ss.; Lesch *Das Problem der sukzessiven Beihilfe*, 1992, 194 ss., 278, 285. Para a crítica v. Renzikowski *Täterbegriff* (n. 5), 36 ss.

92. Bloy (n. 86), 291 s.; Lesch (n. 86), 199; assim também Frisch *Tatbestandsmäßiges Verhalten und Zurechnung des Erfolgs*, 1988, 215 (mit n. 235), 302 s.; NK/Schild § 25 nm 21 e 23.

93. Cf. Lesch (n. 86), 76. Por outro lado, Frisch (n. 87), 302 considera justamente uma vantagem de sua teoria o fato de que ela seja compatível com o sistema unitário de autoria austríaco.

94. Assim, corretamente, Hamdorf (n. 78), 150 ss.

aspecto da imputação apenas *ex post.* Quando um delito é – abstratamente – apenas percebido como perturbação social, as normas jurídicas transformam-se em normas de valoração "sem destinatário", "dirigida ao determinado Estado social objetivo", como já formulou Mezger.[95] Mais do que isso, essas normas, que devem estabelecer o que deve contar como perturbação social, são derivadas das normas de sanção, pois "imputação *enquanto proibição* [determina-se] olhando para trás conforme... o que se oferece como objeto idôneo da reação do direito penal".[96] Com isso, fecha-se o círculo.

95. Mezger *GS* 89 (1924), 207, 239 ss.

96. Jakobs *ZStW* 89 (1977), 1, 18 (destaque no original); cf. também Lesch (n. 86), 247, para os quais a cominação de pena e a punição garantem a legitimidade da expectativa frustrada pelo delito. Caso o fim da pena torne-se legitimação material da norma de comportamento (p. 249), as regras atinentes às normas de sanção, sejam normas de comportamento ou distributivas, são assim irrelevantes (S. 261, 263).

FUNDAMENTAÇÃO DA NORMA E IMPUTAÇÃO – FUNDAMENTOS PARA UM CONCEITO RESTRITIVO DE FATO[1]

I. INTRODUÇÃO

Sempre que diversas pessoas estão envolvidas no cometimento de um delito, surge o problema de estabelecer as respectivas responsabilizações. Exemplo: A atira na vítima V. O revólver utilizado por A lhe foi disponibilizado por B. C prometeu a A o valor de 20.000 pela prática do fato. Durante a realização do fato, D esperava A com o veículo da fuga em um estacionamento próximo.

A resolução desse caso simples não reserva maiores problemas. A é autor de homicídio qualificado nos termos do § 211 do Código Penal alemão (= StGB). B e D tomaram parte no fato como partícipes de acordo com o § 27 do StGB. Em relação a C deve-se considerar uma responsabilização como instigador de acordo com o § 26 do StGB. Esta solução corresponde ao conceito restritivo de autor,[2] pelo qual o StGB, na visão da doutrina dominante, optou – ao menos no que concerne aos delitos dolosos.[3] Segundo tal conceito,

1. Trad. Augusto Assis.

2. Essa terminologia remonta à Zimmerl, Grundsätzliches zur Teilnahmelehre, *ZStW* 49 (1929), p. 39 e ss.

3. Por todos Schünemann em: *LK-StGB*, v. 1, 12. ed. 2007, comentários prévios ao § 25, nm. 14, com ulteriores referências.

o instigador e o cúmplice não realizam o injusto descrito no tipo por si próprios, e sim participam de delito alheio. Os §§ 26, 27 do StGB funcionam, dessa forma, como normas extensivas da punibilidade.[4] Também o direito penal espanhol distingue, no art. 27 e seguintes do Código Penal espanhol, entre "autores" e "cómplices" e adota, dessa forma, um sistema diferenciador.[5]

Todo o exposto é pouco controverso. Um olhar mais cuidadoso demonstra, contudo, que esses aparentemente seguros fundamentos estão longe de serem sólidos. Ademais, a doutrina dominante na Alemanha adota, como será demonstrado adiante (II), uma dogmática de imputação extensiva e, portanto, pouco compatível com o pretenso conceito restritivo de autor por eles defendido. Formulado de modo mais preciso: os fundamentos estão equivocados. Após a realização da crítica, tratar-se-á dos fundamentos de um conceito restritivo de *fato* (*Tatbegriff*) como ponto de partida da dogmática do concurso de pessoas (III).

Essa formulação, proposta por Volker Haas,[6] é mais precisa do que a expressão usual, pois deixa claro que o ponto de partida de toda dogmática do concurso de pessoas é o fato, no sentido da realização de um injusto típico legalmente previsto: *toda concepção de concurso de pessoas incia-se pelo tipo!* Afinal, apenas um conceito mais restritivo

4. Cf. Joecks em: MüKo-StGB, v. 1, 2. ed., 2011, comentários prévios ao § 25, nm. 9. A rigor, um conceito restritivo de autor pode se transformar em um sistema unitário formal, por exemplo, quando todas as formas de contribuição são resumidas em um único conceito jurídico; a respeito da discussão na Áustria ver, por exemplo, Fabrizy em: Wiener Kommentar zum StGB, 11. ed. (atualizado até Fevereiro/2000), § 12, nm. 13. Por outro lado, um conceito extensivo de autor também pode ser compatível com um sistema diferenciador, quando a lei prevê marcos penais distintos para cada forma de contribuição.

5. Sistemas unitários diferentes entre si encontram-se hoje, a título de ilustração, na Dinamarca, na Áustria e na Itália; de forma mais detalhada sobre isso Hamdorf, *Beteiligungsmodelle im Strafrecht*, 2002, p. 61 e ss.; Weisser, *Täterschaft in Europa,* 2011, p. 129 e ss.; considerações desse gênero também voltaram a encontrar ressonância na ciência jurídico-penal alemã recentemente, ver, por exemplo, Engert, *Einheitstäter oder getrennte Behandlung von Täter und Teilnehmer?,* 2005; Schöberl, *Die Einheitstäterschaft als europäisches Modell,* 2006; Miller, *Die Beteiligung am Verbrechen nach italienischem Strafrecht*, 2007 Rotsch, *"Einheitstäterschaft" statt Tatherrschaft,* 2009. Isto demonstra, portanto, que a discussão ainda não está encerrada.

6. Esta terminologia provém de Haas, *Die strafrechtliche Lehre von der objektiven Zurechnung – eine Grundsatzkritik,* em: Kaufmann/Renzikowski (orgs.), *Zurechnung als Operationalisierung von Verantwortung*, 2004, p. 193 (220).

de fato enseja a problemática de como devem-se avaliar as condutas das pessoas que contribuem de alguma forma para o cometimento do delito, sem, contudo, realizarem elas próprias a conduta típica.[7] Os contornos a serem conferidos, então, a cada forma de contribuição é um questionamento posterior, ao qual diversas respostas são imagináveis.[8]

II. CRÍTICA À CONCEPÇÃO DOMINANTE

1. A estrutura da imputação no tipo objetivo

O tipo objetivo de um delito simples de resultado como, por ex., o de homicídio (§ 212 do StGB ou o art. 138 do CP espanhol) contém três elementos: A conduta, o resultado e uma relação entre a conduta e o resultado, no sentido de que o resultado surja como produto da conduta típica, ou, formulado de outra forma: causalidade e imputação objetiva.

Por um lado, já há algum tempo tem-se questionado bastante se o conceito de ação sequer possui alguma relevância para a dogmática penal.[9] Contudo, há, ao menos, um consenso de que com o auxílio do elemento da ação devem-se excluir todos os acontecimentos que não são movimentos corpóreos intencionais, vale dizer, que não podem ser reconduzidos a uma decisão consciente.[10]

De acordo com a incontestada teoria da equivalência das condições, uma conduta é causal quando ela não pode ser mentalmente suprimida sem que o resultado típico desapareça.[11] Este conceito de causalidade possui dois componentes: primeiro, a causa é definida

7. Cf. Hruschka, Regreßverbot, Anstiftungsbegriff und die Konsequenzen, *ZStW* 110 (1998), p. 581 (586 e ss.): A concepção da participação exige necessariamente uma proibição de regresso.

8. Motivo pelo qual a crítica de Vogel é incorreta (Vogel, Individuelle Verantwortlichkeit im Völkerstrafrecht, *ZStW* 114 (2002), p. 403 (404 e ss., n. 7).

9. Cf., por exemplo, Lenckner/Eisele em: Schönke/Schröder, *StGB*, 28. ed., 2010, comentários prévios aos §§ 13 e ss., nm. 37, com ulteriores referências.

10. Lenckner/Eisele em: Schönke/Schröder, *StGB*, 28. ed., 2010, comentários prévios aos §§ 13 e ss., nm. 37.

11. Assim já o *RGSt* 1, p. 373 (374); 69, p. 44 (47); mantido pelo *BGHSt* 1, p. 332; 39, p. 195 (197); 45, p. 270 (294 e s.); 49, p. 1 (3); de forma aprofundada Schaal, *Strafrechtliche Verantwortlichkeit bei Gremienentscheidungen in Unternehmen*, 2001, p. 1 e ss.; cf. também Kühl, *Strafrecht*. AT, 7. ed., 2012, § 4, nm. 9, com ulteriores referências.

como *conditio sine qua non*;[12] após, todo evento que preenche este requisito é igualmente causa ("equivalente"). Uma distinção entre causa e mera condição é expressamente refutada.[13] A causalidade compreendida desta forma tem um alcance extraordinariamente extenso. Segundo tal compreensão, não apenas o assassino é causal para a morte da vítima, mas também a própria vítima, e, mais distante, o produtor e o vendedor da arma do crime, os antepassados destas pessoas (por intermédio da fecundação e do parto) etc.; simplificadamente: tudo é (co)causal para tudo. Justamente nesse aspecto residiria a vantagem deste conceito de causalidade.[14]

Esta infinitude da causalidade equivalente é, definitivamente, vista como um problema. Contudo, a sua correção não é feita através do desenvolvimento de um conceito de causalidade mais adequado, e sim com o auxílio de considerações normativas, por intermédio da denominada "imputação objetiva".

Como a ordem jurídica não simplesmente proíbe qualquer causação – o que, por ex., a fecundação do futuro assassino e de sua vítima logo evidenciam –, a imputação objetiva de um resultado exige que, com a sua conduta, o agente tenha criado um risco juridicamente desaprovado e que exatamente este risco juridicamente desaprovado tenha se realizado no resultado.[15]

Compreendida desta forma, a imputação objetiva é um princípio geral de imputação para todos – dolosos ou culposos – os delitos de

12. Por conta disto também denominada "teoria da condição", cf. Wessels/Beulke/Satzger, *Strafrecht.* AT, 43. ed. 2013, nm. 156.

13. Cf. *RGSt* 66, p. 181 (184); 69, p. 44 (47); *BGHSt* 39, p. 195 (197 e s.); Lenckner/Eisele em: Schönke/Schröder, comentários prévios aos §§ 13 e ss., nm. 76.

14. Assim Roxin, *Strafrecht.* AT-1, 4. ed. 2006, § 11, nm. 27 – um conceito de causalidade, note-se, em seu "significado pré-jurídico, filosófico e científico-natural" (a.a.O., n. 7). A isso opõe-se a circunstância de que especialmente os primeiroanistas de Halle tem massivas dificuldades quando se tenta explicar a eles que a mãe do filósofo e jurista Thomasius é uma causa de eles estarem, nesse momento, assistindo à aula de "direito penal I". * (N.T: Christian Thomasius foi um dos fundadores da universidade de Halle an der Salle, cidade onde leciona Renzikowski).

15. Assim Roxin, *Gedanken zur Problematik der Zurechnung im Strafrecht,* FS Honig, 1970, p. 133 (135 e ss.); Lenckner/Eisele em: Schönke/Schröder, comentários prévios aos §§ 13 e ss., nm. 92, com ulteriores referências; nos julgados cf. *BGHSt* 11, p. 1 (7); 21, p. 59 (61); BGH *NJW* 2000, p. 2754 (2757).

resultado.[16] Dada a importância deste critério, é pouco surpreendente que os seus detalhes até hoje ainda sejam controversos.[17] Também estas controvérsias não serão aqui abordadas, pois o estudo cuida das questões de fundamento.

2. Consequências para a dogmática do concurso de pessoas

A concepção de imputação exposta, que é ensinada desta forma ou de forma similar em todo manual e que serve de base para toda resolução de caso, traz as seguintes consequências para a dogmática do concurso de pessoas:

O conceito da causalidade equivalente impossibilita a distinção entre autores e partícipes. Uma vez que a doutrina dominante considera causais as interações entre os diferentes agentes envolvidos e que todas as condições devem ser vistas igualmente como causas, a conduta (dolosa ou culposa) de outrem – ou mesmo do próprio autor – não pode "interromper" o nexo causal. Pelo contrário: A causalidade seria intermediada (*vermittelt*)[18*] justamente em decorrência disto.[19] Guiado por essa concepção, o RG[20*] já considerou uma pessoa causal para a morte da vítima, pois ela forneceu – sem ter conhecimento das intenções do autor – veneno de rato para o companheiro da vítima, que com tal substância a envenenou.[21] No mesmo sentido, o BGH considerou causal um sujeito que deu uma facada, que conduziria à

16. Schünemann, Über die objektive Zurechnung, *GA* 1999, p. 207 (219 e ss.); Roxin, AT-1, § 11, nm. 49.

17. Cf. já Frisch, *Tatbestandsmäßiges Verhalten und Zurechnung des Erfolgs*, 1988, p. 8, 50 e s.: "supercategoria" sem contornos definidos; contrário à afirmação aqui feita Roxin, *Streitfragen bei der objektiven Zurechnung*, FS Maiwald, 2010, p. 715 (724 e ss.).

18. *N.T. O termo vermittelt é, quando relacionado à causalidade, de difícil tradução. Adotou-se para o termo uma tradução literal, a exemplo do que já havia sido feito em outra oportunidade (Problemas da causalidade psiquicamente intermediada, *RBCCrim* 100, 2012, p. 254, N.T. 1).

19. *RGSt* 61, p. 318 (320); no mesmo sentido *BGHSt* 4, p. 360 (361 e s.); 7, p. 112 (114); 39, p. 322 (324); *BGH NJW* 1989, p. 2479 (2480); *NStZ* 2001, p. 143 (145); Lenckner/Eisele em: Schönke/Schröder, comentários prévios aos §§ 13 e ss. nm. 77, com ulteriores referências; de forma mais aprofundada Roxin, *Bemerkungen zum Regreßverbot*, FS Tröndle, 1989, p. 177 e sp.

20. *N.T. RG é a abreviação de Reichsgericht, Tribunal do Império, que à época correspondia ao BGH que, por sua vez, corresponde ao nosso STJ.

21. *RGSt* 64, p. 370 e ss.; no mesmo sentido Roxin, AT-1, § 11, nm. 28.

morte, na vítima, cuja morte foi, contudo, efetivamente causada pelo "tiro de misericórdia" de um terceiro.[22]

Da mesma forma que não se reconhece uma "proibição de regresso" na causalidade, também não são elencados critérios individualizadores da responsabilidade no âmbito da imputação objetiva. É verdade que a autorresponsabilidade da vítima é um aspecto que exclui a imputação: A lesão perpetrada pelo próprio lesionado não será imputada a quem a desencadeou (*Veranlasser*) quando aquele tiver se lesionado de forma intencional ou com plena consciência dos riscos. O lesionado pode, da mesma forma, desincumbir, dentro de certos limites, a outra pessoa de se ater ao cuidado em si exigido.[23] Porém, se a conduta da corrente causal for realizada por um terceiro, a autorresponsabilidade dele não tem nenhuma consequência comparável. Quem, por exemplo, deixa sem maiores cuidados uma arma de fogo exposta não se torna punível por homicídio culposo caso alguém utilize a arma para se suicidar,[24] mas se torna punível caso alguém utilize a arma para matar, dolosa ou culposamente, um terceiro.[25] A equivalência das condições corresponde à equivalência dos riscos não permitidos. Segundo esta concepção, a exclusão da imputação apenas pode ser fundamentada se a facilitação da conduta ilícita do terceiro não consistir na criação de um risco não permitido ou se tal facilitação estiver fora do âmbito de proteção da norma.[26] Desta forma, a "proibição de regresso" tem o seu conteúdo alterado; ela transforma-se em critério para distinguir condutas puníveis de não puníveis.[27] A anuência autorresponsável da vítima pode legitimar a criação do perigo, pois nela está manifestada uma disposição dos próprios bens jurídicos. Isso vale, entretanto, apenas em relação à própria vítima,

22. *BGH NStZ* 2001, p. 29 (30); contrário à decisão Otto, *Die Unterbrechung des Zurechnungszusammenhangs als Problem der Verantwortungszuschreibung*, FS Lampe, 2003, p. 491 (493 e ss.).

23. Mais detalhadamente sobre isso Renzikowski, em: Matt/Renzikowski, StGB, 2013, comentários prévios ao § 13, nm. 118 e ss., com ulteriores referências.

24. BGHSt 24, p. 342 (343 e s.).

25. Cf. RGSt 34, p. 91 e ss.

26. Cf. Roxin, AT-1, § 11, nm. 120, 127 e ss., § 24 nm. 27 e ss., com ulteriores referências.

27. De forma aprofundada Jakobs, Regreßverbot beim Erfolgsdelikt, ZStW 89 (1977), p. 1 (17 e ss.); ver também Puppe em: NK-StGB, 4. ed., 2013, comentários prévios ao § 13, nm. 167 e 241.

e não em detrimento de terceiros.[28] Nesse sentido, o instigador e o cúmplice – assim como o autor – também criam riscos não permitidos para o bem jurídico lesionado pelo fato principal. Se não fosse assim, a conduta dos partícipes não seria proibida e, portanto, não poderia ser punida. Dito de outra forma: a conduta do partícipe não é apenas ilícita como a do autor; em relação à violação da norma elas são idênticas. Todos os envolvidos no cometimento de um delito violam a mesma norma de comportamento.[29]

Mas o que ainda resta então de um conceito restritivo de autor? Rotsch, por exemplo, diz, seguindo este raciocínio, que um "sistema normativo-funcional do delito" baseado na imputação objetiva acaba por desaguar em um conceito unitário de autor.[30] Da mesma forma, Frisch considera que uma das vantagens da sua teoria, que enfatiza a criação de um risco não permitido, é a sua possibilidade de compatibilização ao sistema unitário austríaco.[31] Jakobs descarta a existência de uma diferença qualitativa entre as diversas formas de contribuição. Segundo ele, os parágrafos 25 e seguintes do StGB trariam apenas regras de determinação da pena.[32] Não menos relevante: as previsões da autoria mediata, § 25 item 1, 2. alternativa do StGB, e da coautoria, § 25 item 2 do StGB, teriam apenas caráter declaratório, uma vez que o homem de trás e os coautores já realizariam o tipo por si próprios.[33]

28. Assim SCHMOLLER, Fremdes Fehlverhalten im Kausalverlauf, FS Triffterer, 1996, p. 223 (244).

29. Assim, a despeito das diferenças, em detalhe BLOY, Die Beteiligungsform als Zurechnungstypus im Strafrecht, 1985, p. 160 e s., 191 e s., 249 e s., 291 e s.; LESCH, Das Problem der sukzessiven Beihilfe, 1992, p. 197 e ss.; SCHMIDHÄUSER, "Tatherrschaft" als Deckname der ganzheitlichen Abgrenzung von Täterschaft und Teilnahme im Strafrecht, FS Stree/Wessels, 1993, p. 343 (347); VAN WEEZEL, Beteiligung bei Fahrlässigkeit, 2006, p. 60 e ss.; ROBLES PLANAS, Die zwei Stufen der Beteiligungslehre – am Beispiel der Beteiligung durch Unterlassen, GA 2012, p. 276 (278); FRISTER, Zum Strafgrund von Mittäterschaft und Teilnahme, FS Dencker, 2012, p. 124 e ss.

30. ROTSCH, "Einheitstäterschaft", p. 421 e ss. et passim.

31. FRISCH, Tatbestandsmäßiges Verhalten, p. 215 (nota 235), 302 e s.

32. Cf. JAKOBS, Mittäterschaft als Beteiligung, FS Puppe, 2011, p. 555 e ss.; de forma extremamente clara também LESCH, Das Problem, p. 197: "o conceito restritivo de autor é um equívoco".

33. Assim, a respeito da autoria mediata SCHMIDHÄUSER, Strafrecht. AT, 2. ed., 1975, 14/36; SCHILD, Täterschaft als Tatherrschaft, 1994, p. 24, 28; similar também HERZBERG, Täterschaft, Mittäterschaft und Akzessorietät der Teilnahme, ZStW 99 (1987), p. 49 (50 e s.); JAKOBS, Objektive Zurechnung bei mittelbarer Täterschaft durch ein vorsatzloses Werkzeug, GA 1997, p. 553 (560 e s.); FRISTER, Strafrecht. AT, 6. Aufl. 2013, 25/8; PUPPE,

De todo modo: a diferenciação entre distintas formas de intervenção no delito está prevista em lei. Há aqui, em geral, duas posições divergentes entre si. Enquanto a jurisprudência diferencia autores de partícipes com base em uma avaliação valorativa global do conjunto das circunstâncias estabelecidas no caso concreto,[34] a teoria do domínio do fato, principalmente nos contornos desenvolvidos por Roxin,[35] impôs-se na literatura.[36] De acordo com esta teoria, o autor é "a figura central do acontecer típico", aquele interveniente que exerce o domínio do fato.[37] Este elemento ficou conhecido na formulação feita por Maurach: "o segurar na mão do acontecer típico abarcado pelo dolo".[38] Nos delitos culposos, a vontade de domínio desaparece necessariamente em conjunto com o dolo, e com isso, desaparece também o próprio domínio. Como consequência, não é possível distinguir entre os diferentes intervenientes, de forma que todos aqueles que, de acordo com os critérios acima expostos, criaram um risco não permitido e, assim, causaram uma lesão a um bem jurí-

Die Architektur der Beteiligungsformen, GA 2013, p. 514 (526 e s.); Wolf, Gestufte Täterschaft, FS Schroeder, 2007, p. 415 (427 e s.); a respeito da coautoria Schild em: NK-StGB, § 25, nm. 3 e 16; similar Freund, Strafrecht. AT, 2. ed. 2009, § 10, nm. 164.

34. Acertadamente Roxin, Strafrecht. AT-2, 2003, § 25, nm. 22: "teoria normativa da combinação". Os diversos critérios e, sobretudo, as relações entre eles – sobre esse critérios e relações ver por todos Fischer, StGB, 60. ed. 2013, comentários prévios ao § 25, nm. 4, com ulteriores referências – permanecem, entretanto, incompreensíveis. A isso soma-se o fato de que o BGH concede ao juiz de primeira instância uma larga margem de avaliação que não pode mais ser fiscalizada no âmbito recursal. Instrutivo a esse respeito Johannsen, Die Entwicklung der Teilnahmelehre in der Rechtsprechung, 2009, p. 91 e ss., 130 e sp. – isto representa, em última análise, um convite às decisões arbitrárias.

35. Roxin, Täterschaft und Tatherrschaft, 1963. Que uma monografia tenha alcançado, ao longo desse tempo, a oitava edição é algo muito raro. Este fato somado às diversas traduções feitas da obra são uma prova expressiva da atratividade da teoria do domínio do fato.

36. Ver por todos Schünemann em: LK-StGB, § 25, nm. 36 e ss., com ulteriores referências; a importância internacional da teoria do domínio do fato é demonstrada, por exemplo, pela jurisprudência do Tribunal iugoslavo, vide ICTY, Judgement, 31. 7. 2003, (Prosecutor v. Stakić), nm. 440; ver, ainda, Ambos, Internationales Strafrecht, 3 ed., 2011, § 7, nm. 17 e ss., com ulteriores referências; ou a decisão da Corte Suprema de Justiça peruana em desfavor do ex-presidente Alberto Fujimori, CSJ, Sala Penal Especial, 7. 4. 2009, ZIS 2009, 622 e sp. (traduzida para o alemão por Ambos e Huber); detalhadamente sobre isso Abanto Vásquez, Verdirbt die Organisationsherrschaft die Tatherrschaftslehre?, FS Roxin, 2011, p. 819 (827 e ss.).

37. Roxin, AT-2, § 25, nm. 10.

38. Maurach, Deutsches Strafrecht. AT, 2. ed. 1958, p. 492, 517.

dico, são autores. Em decorrência disto, normalmente parte-se do pressuposto de que nos delitos culposos vige um conceito extensivo de autor, ou um sistema unitário: autor é todo aquele que, violando uma norma de cuidado, contribuiu para a criação do perigo que se materializou no resultado.[39]

3. Objeções

a) *A equivocada compreensão da causalidade da teoria da equivalência*

Da perspectiva da teoria jurídico-penal é absolutamente incompreensível como um "conceito" de causalidade que padece de tantos defeitos evidentes possa ter se sustentado por tanto tempo.[40] A afirmada igualdade de todas as condições contraria a própria lei: é algo diverso cometer um fato típico (§ 25), instigar ao cometimento deste (§ 26) ou ter auxiliado no cometimento do mesmo (§ 27).[41] Há de se reconhecer que esta crítica à teoria da equivalência é antiga; ela embasa as denominadas "teorias individualizadoras da causalidade" e a teoria da "proibição de regresso".[42]

A primeira objeção consiste na impossibilidade de diferenciar condições necessárias de suficientes.[43] Em meio a todas as – notada-

39. Ver, por exemplo, Kühl, AT, § 20, nm. 10; Freund em: MüKo-StGB, comentários prévios aos §§ 13 e ss., nm. 494 e ss.; Puppe, Mitverantwortung des Fahrlässigkeitstäters bei Selbstgefährdung des Verletzten, GA 2009, p. 486 (492 e s.); Roxin, FS Tröndle, p. 177 e s., 185; Schlehofer, Täterschaftliche Fahrlässigkeit, FS Herzberg, 2008, p. 355 (366 e ss.); Wessels/Beulke/Satzger, nm. 507; em resultado também Schünemann em: LK-StGB, § 25, nm. 219.

40. Os pseudo-problemas da teoria da equivalência e as suas inidôneas tentativas de reparação como, por exemplo, a inserção do resultado em sua forma concreta, a causalidade superveniente, alternativa ou cumulativa – ver sobre isso Renzikowski em: Matt/Renzikowski, comentários prévios ao § 13, nm. 80 e ss. – não serão tratados em detalhe aqui.

41. De forma plástica Frank, Das Strafgesetzbuch für das Deutsche Reich, 18. ed. 1931, p. 13: "tocar órgão é, ainda assim, mais do que pressionar os manuais e a pedaleira".

42. Exposição e análise resumidas em Ling, Die Unterbrechung des Kausalzusammenhanges durch willentliches Dazwischentreten eines Dritten, 1996.

43. Cf. Hruschka, ZStW 110 (1998), p. 581 (589 e ss.); ver ainda Aichele, Ex contradictione quodlibet – Die Untauglichkeit der Äquivalenztheorie zur Erklärung von Kausalität, die Untauglichkeit der Lehre von der objektiven Zurechnung zur Rechtfertigung von Zurechnungsurteilen und ein Vorschlag zur Güte, ZStW 123 (2011), p. 260 (266 e s.).

mente relevantes – diferenças, há na filosofia um consenso de que a causalidade pode ser compreendida como uma relação condicional: "se A, então B". A modalidade lógica de ligar ambos os componentes da relação de causalidade é a "necessariedade"; vale dizer, que de uma determinada causa determinado efeito necessariamente decorra.[44] A teoria da equivalência descreve, contudo, apenas uma relação logicamente possível entre o acontecimento, que deve ser compreendido como causa, e o a ele reconduzível efeito. Sendo assim, simplesmente não há uma lei causal, segundo a qual o empréstimo de uma arma de fogo necessariamente tenha a consequência de que ela será utilizada na morte de alguém. A inconsistência de um conceito de causalidade como este fica evidente tão logo se puna alguém com uma pena privativa de liberdade perpétua por emprestar uma arma a outrem, pois, ao emprestar a arma, ele possivelmente tenha matado outra pessoa.[45*]

Uma modificação do conceito de causalidade, introduzida na discussão alemã primordialmente por Puppe, tenta contornar esta objeção. Segundo a concepção de Puppe, uma circunstância deve ser considerada causal quando ela for um componente indispensável de um complexo condicional suficiente para desencadear o resultado de acordo com as leis gerais da empiria.[46] Este conceito de causalidade, cujos criadores podem ser considerados os filósofos do direito Hart und Honoré,[47] é fiel ao fato de que uma conformação a leis causais não pode ser aferida a partir de circunstâncias individuais, mas apenas a partir de estados. Sendo assim, para um esclarecimento causal completo não pode ser suficiente dizer, por exemplo, que A deu um tiro com o intuito de acertar O. Para além disso, seria necessário determinar a posição da vítima, o estado de conservação da

44. Ver Immanuel Kant, Kritik der reinen Vernunft (1781), em: Kants gesammelte Schriften. org. pela Königlich Preußischen Akademie der Wissenschaften. Primeiro tomo, v. 4, Berlin 1911, B 5; Bunge, Kausalität, Geschichte und Probleme, Tübingen 1987, p. 41 e ss.

45. *(N.T.): O § 211 do StGB, o homicídio qualificado, prevê pena de prisão perpétua.

46. Puppe, Der Erfolg und seine kausale Erklärung im Strafrecht, ZStW 92 (1980), p. 863 (874 e ss.); idem. em: NK-StGB, comentários prévios ao § 13, nm. 102 e p. e 106; ver ainda Kindhäuser, Kausalanalyse und Handlungszuschreibung, GA 1982, p. 477 (485 e ss.); Sofos, Mehrfachkausalität beim Tun und Unterlassen, 1999, p. 107 e ss.; criticamente Binns, INUS-Bedingung und strafrechtlicher Kausalbegriff, 2001, p. 73 e ss.; Samson, Inus-Bedingung und strafrechtlicher Kausalbegriff, FS Rudolphi, 2004, p. 259 (262 e ss.).

47. Hart/Honoré, Causation in the Law, 2. ed. 1985, p. 112 e ss.

arma etc.[48] O ponto da reconstrução da teoria da equivalência feita por Puppe consiste em que, juridicamente, cada circunstância seja considerada equivalente.

Contudo, com isso apenas desloca-se a problemática. A primeira pergunta nomeadamente é: segundo quais critérios o "campo causal", no sentido empregado por Puppe, deve ser estabelecido? Uma vez que a própria Puppe também considera as cadeias causais infinitas,[49] as causas equivalentes em um "campo causal" podem ser infinitas. Com outras palavras: campos causais são eles próprios potencialmente infinitos – e com isso eles não podem mais ser descritos, pois não podem ser diferenciados entre si.[50]

Outra crítica feita a essa concepção, é a de que ela integra indefinidas ações, assim como outros acasos, em um campo causal. Essa concepção é fomentada pela renúncia a um conceito de ação, visto como irrelevante para a dogmática penal. Quando se une a exigência mínima de um movimento corporal consciente com a causalidade equivalente, tem-se então um conceito de ação (causal) que não conhece um fim. Assim manifesta-se Puppe em um comentário a decisão:

"A diferenciação entre causa e meras condições foi afastada em decorrência da conclusão de que, no âmbito da causalidade, todas as condições para o resultado são equivalentes, de forma que é possível retomar tal diferenciação sem controverter-se detalhadamente com a teoria da equivalência. Porém já a tese inicial (...) esbarra em um mal-entendido. Assim como um acaso infeliz que pode surgir na cadeia causal após a conduta do autor não o exime da responsabilidade pelo desenvolvimento causal subsequente, não se trata, nomeadamente, de imputar ao primeiro causador a violação de dever do segundo causador enquanto tal, e sim de levá-la em conta apenas enquanto fator causal pertencente à explicação causal do resultado (...) Quando se tem um bode expiatório na figura do homem da frente, a quem em todo caso se pode imputar o resultado, há a necessidade de se imputar este a uma segunda pessoa, nomeadamente, ao homem

48. Fundamental, John Stuart Mill, A System of Logic, 1843, livro III, capítulo 5.

49. Nesse sentido Puppe, ao se manifestar sobre a causalidade do fabricante de facas em relação à morte do esfaqueado em: NK-StGB, comentários prévios ao § 13, nm. 80.

50. Aichele, ZStW 123 (2011), p. 263.

de trás. Contudo, a grotesca regra 'o últimos serão mordidos pelos cachorros' não é um princípio justo de imputação do resultado."[51] Com outras palavras: a ação não termina nunca.

Quem assim procede, contradiz-se. Quem considera uma constelação fática ação e, assim, com outras palavras emite um juízo de imputação,[52] defende com isso que aquele que age poderia ter evitado ser uma causa.[53] Um juízo de imputação tem a espontaneidade da relação com o objeto, pois este juízo afirma que o objeto da imputação se tornou causa por si próprio – "é apresentado como proveniente da liberdade".[54] É este o aspecto que distingue uma ação de uma causa natural, que no âmbito de uma relação de causalidade da natureza necessariamente deve gerar o efeito correspondente. Por conta disto, não há como considerar simultaneamente um complexo fático determinado, significa dizer, *causa naturalis*, e livre, significa dizer, *causa libera*, sem contradizer-se.[55] Esta contradição pode ser, entretanto, contornada, quando, a exemplo do que fazem a teoria da equivalência e também Puppe, nega-se a diferença entre uma causa natural e uma ação. O preço para tanto é, contudo, alto: se todo acontecimento é consequência necessária de outros acontecimentos, então não há mais um conceito de ação. Assim, os juízos de imputação tornam-se impossíveis.[56]

Uma teoria da causalidade que se valha de um bode expiatório, segundo a qual o conceito de causalidade deva possibilitar que para cada dano seja possível nomear tantos autores (*Urheber*)[57*] quanto se queira, dos quais então se possa escolher um para punir, é uma má conselheira. A variante originária da teoria da proibição de regresso tem completa razão: "Não são causa as condições prévias de uma

51. Puppe, Anmerkung zu OLG Stuttgart, NStZ 2009, p. 333 (334 e s.).

52. Mais detalhadamente sobre isso Renzikowski, FS Puppe, p. 209 e ss.

53. Cf. Kant, Kritik der praktischen Vernunft (1788), em: Kants Gesammelte Schriften. v. 5, Berlin 1913, c. 175.

54. Kant, Reflexionen zur Moralphilosophie, em: Kants gesammelte Schriften, v. 19, 1934, refl. 6775.

55. Hruschka, ZStW 110 (1998), p. 587; Aichele, ZStW 123 (2011), p. 265 e p.

56. Ver também von Wright, Erklären und Verstehen, 2. ed. 1984, p. 136 e p.

57. *(N.T.): A menção ao termo empregado na versão original deve-se aqui ao sentido conferido pelo autor ao termo "autor". Renzikowski não emprega o termo com o significado que ele possui no contexto do concurso de pessoas, e sim no contexto de autor do fato/da obra.

condição voltada livremente... à realização do resultado."[58] A teoria da equivalência não é salva quando simplesmente se argumenta no caso concreto que a conduta em questão não teria sido realizada sem o exercício prévio da influência.[59] Esta afirmação é uma sentença sem sentido (no sentido de que não pode ser verdadeira). Com isto, contudo, não está de forma alguma demonstrado que a punição sempre só possa alcançar o último causador. O ônus da prova foi, entretanto, deslocado: quando o próprio "autor" não causou imediatamente o dano, é necessário indicar razões especiais que expliquem por que ele ainda assim deve ser responsabilizado.[60] Na lei, estes fundamentos de imputação estão contidos no § 25 do StGB.

Uma das curiosidades da história da dogmática é que as "teorias individualizadoras da causalidade", cuja oposição à teoria da equivalência pautava-se sobretudo na distinção legal entre autoria e participação, tenham hoje caído no esquecimento. Por outro lado, a teoria da equivalência goza de uma aceitação quase unânime, apesar de ser, conforme demonstrado, a base do conceito extensivo de autor, segundo o qual não é possível distinguir as formas de tomar parte em um delito no plano do injusto, devido à equivalência das condições. Um conceito individualizador de causalidade, que objeta a equivalência de todas as condições do resultado postulada pela teoria da imputação objetiva, foi proposto recentemente por Volker Haas. Segundo a sua concepção, o conceito de causalidade deve ser normativamente definido, a partir do alcance dos direitos subjetivos. O detentor do direito tem uma pretensão de que os demais organizem a sua esfera jurídica de forma a evitar desdobramentos que possam alterar o estado das esferas jurídicas atingidas. Haas defende, por conta disto, um conceito causal – normativo – de "desdobramento" ("*Bewirkens*") que estabeleça o alcance do direito de exclusão (*Ausschlussrechts*) do detentor do direito.[61] A vantagem deste conceito

58. Frank, Das Strafgesetzbuch, p. 14.

59. Assim, contudo, Schaal, Strafrechtliche Verantwortlichkeit, p. 76; Frisch, Die Conditio-Formel: Anweisung zur Tatsachenfeststellung oder normative Aussage?, FS Gössel, 2002, p. 51 (67 e s.).

60. Haas, Kausalität und Rechtsverletzung, 2002, p. 280 e s.; cf. atualmente também Kindhäuser, Zum sog. „unerlaubten" Risiko, FS Maiwald, 2010, p. 397 (400 com a n. 12).

61. Haas, Kausalität (Fn. 55), p. 185 e ss.; criticamente Puppe em: NK-StGB, comentários prévios ao § 13 nm. 180; idem., Zum gegenwärtigen Stand der Lehre von der Verursachung im Recht, Rechtswissenschaft 2011, p. 398 (411 e ss., 419 e ss.); Roxin,

consiste em demonstrar o não permitido na ação típica: a violação de direito alheio. Eu ainda voltarei a este ponto. Este conceito de causalidade é individualizador na medida em que, segundo ele, há inúmeras condições do resultado juridicamente desaprovado ocorrido, cuja realização, ainda que proibida, não constitui por si só uma violação do direito subjetivo do lesionado (como no exemplo do início em que alguém dá uma pistola a outrem ou promete uma recompensa pela agressão). Se, então, apenas são típicas aquelas ações que violem as correspondentes posições jurídicas, a imputação objetiva se torna desnecessária para demonstrar que gerar o futuro assassino – e além disso também a sua vítima – é permitido e com isso não punível.

b) Ausência de fundamento da teoria do domínio do fato

Como já foi esclarecido, a doutrina dominante substitui a equivalência das causas pela equivalência dos riscos não permitidos. Causações equivalentes não permitidas são descritas pelo tipo objetivo de um delito de resultado simples, como por exemplo o homicídio. Entretanto, com isto, a diferenciação entre os riscos não permitidos fica impossibilitada. No exemplo do início, o atirador A, os partícipes B e D e o instigador C criaram na mesma medida um risco não permitido que se realizou na morte de O. Em relação ao o caráter ilegal de suas condutas, elas são indiferenciáveis, vale dizer, idênticas. Com outras palavras: tudo é um e o mesmo fato.[62] É verdade que Maiwald propôs integrar a teoria do concurso de pessoas à imputação objetiva.[63] De toda forma, já discute-se sob o termo "responsabilidade própria" ("*Eigenverantwortlichkeit*") se e em que medida a imputação objetiva do resultado ao homem de trás deve ser excluída quando a lesão ao bem jurídico decorrer imediatamente da conduta de um terceiro ou da própria vítima. Nesse sentido seria possível utilizar o "princípio da autorresponsabilidade" para sistematizar as formas de tomar parte

AT-1, § 11 nm. 46, n. 105 – contudo sem controverter-se com os fundamentos da concepção de Haas.

62. Ver também Aichele, ZStW 123 (2011), p. 269 e s.; conforme já havia decidido o Tribunal do Império RGSt 21, p. 76 (77): autoria é o preenchimento daquelas condições "existentes para que o tipo que estabelece uma pena seja preenchido".

63. Maiwald, Zur strafrechtlichen Funktion des Begriffs der objektiven Zurechnung, FS Miyazawa, 1995, p. 465 (480 e s.).

em um delito.[64] Seria possível ainda diferenciar entre causação direta e indireta, mas não é visualizável de que forma estas concepções poderiam ser integradas à construção da imputação objetiva. Com razão conclui Hamdorf, em sua pesquisa de direito comparado, que a doutrina alemã continua presa ao pensamento causalista e que esta só consegue se salvar de um sistema unitário ao fazer referência à lei.[65]

A teoria do domínio do fato, muito difundida na ciência jurídico-penal, procede, sabidamente, de modo diverso. Ela nega diferenciações grosseiras deste gênero. Afinal, o domínio do fato não é visto como um conceito que seria definido sempre pelas características finais previamente encontráveis e nem como um conceito ao qual as diferentes ações que manifestam domínio do fato podem ser simplesmente subsumidas. Roxin considera um tal conceito de autor uma "abstração sistematizadora" equivocada, pois ele ignora a diversidade das situações cotidianas. Por outro lado, a teoria do domínio do fato tampouco deve ser uma cláusula geral ou uma simples "figura", e sim um "princípio norteador" que, apenas em contato com todo o conteúdo do ordenamento jurídico, pode proporcionar determinações de conteúdo concretas.[66] Como determinações de conteúdo concretas podem ser sequer pensadas sem o auxílio de conceitos claros, não é explicado. Contudo, conceitos claros são necessários já em decorrência do mandado constitucional de determinação legal (Art. 103, 2 da Constituição alemã). Afinal, como o domínio do fato distingue o autor do partícipe, ele se torna um elemento do tipo.[67] O domínio do fato deve fundamentar o desvalor de ação específico do autor.[68] Por outro lado, Roxin argumenta que o conceito de domínio do fato

64. Assim, por último, Puppe, Die Architektur der Beteiligungsformen, GA 2013, p. 514 e ss.

65. Hamdorf, Beteiligungsmodelle, p. 268.

66. Roxin, Täterschaft und Tatherrschaft, 8. ed. 2006, p. 119 e ss., 532 e ss., 671.

67. Contudo, isto deve valer apenas para os denominados "delitos de domínio". Aos delitos especiais ou de dever, que se caracterizam pela violação de um dever específico, a teoria do domínio do fato não deve ser aplicada. Nestes, a autoria fundamenta-se na violação de um dever. Assim Roxin, AT-2, § 25, nm. 271 e ss.; Schünemann em: LK-StGB, § 25, nm. 42 e ss.; Pariona Arana, Täterschaft und Pflichtverletzung, 2010, p. 79 e ss.; em sentido contrário por exemplo Hoyer em: SK-StGB, § 25, nm. 22 e ss.; sobre isso não será possível aprofundar-se.

68. Cf. Bloy, Die Beteiligungsform, p. 123 e s., 204 e p. et passim; p. ver ainda Roxin, AT-2, § 25 nm. 29; Schünemann em: LK-StGB, comentários prévios ao § 25, nm. 14: "preenchimento material do tipo"; idem., Schrumpfende Basis, wuchernder Überbau? Zum

é "dialético, no sentido de que ele se desenvolve através de oposições".[69] Com isso, desnudam-se contradições internas da teoria do domínio do fato;[70] e a partir de contradições não se constrói sistema[71] algum.

Além disto, o significado normativo dos aspectos individuais do domínio do fato permanece aberto.[72] Sobre isso, um exemplo do âmbito da autoria mediata: para fundamentar o domínio da vontade por intermédio de coação, Roxin opta pelo "princípio da autorresponsabilidade". Segundo esta concepção, a pressão exercida pelo homem de trás confere a este domínio do fato quando, e apenas quando, esta pressão corresponde às exigências do § 35 do StGB.[73*] O domínio do fato do homem de trás fundamenta-se, portanto, no fato de a lei eximir o homem da frente de responsabilidade penal.[74] Esta é uma concepção normativa de domínio do fato. Uma universalização do princípio da autorresponsabilidade é, contudo, certamente negada por Roxin, como demonstra a constelação de casos chamada de "domínio da organização". Aqui, Roxin trata o domínio do fato de forma puramente fática, quando utiliza o argumento de que o aparato controlado pelo homem de trás assegura com alta probabilidade a ocorrência do resultado.[75] Por conta disto, Haas critica de forma correta: "A teoria do domínio do fato definitivamente oscila de forma incoerente (...) entre normatividade e faticidade".[76]

Schicksal der Tatherrschaftslehre nach 50 Jahren, FS Roxin, 2011, p. 799 (809): domínio do fato enquanto "domínio sobre a causa do resultado (jurídico-penal)".

69. Roxin, Täterschaft, p. 529.

70. Ilustrativo: por um lado deve ser irrelevante para a distinção entre autoria e participação se uma contribuição é indispensável para a lesão do bem jurídico (assim Roxin, Täterschaft, p. 40 e s., p. 730), por outro lado, ao mesmo tempo, também defende-se que a coautoria é caracterizada pelo "domínio do fato funcional negativo", no sentido de que todo coautor poderia impedir a concretização do plano ao negar-se a realizar a sua tarefa (assim Roxin, AT-2, § 25, nm. 188).

71. Contudo, isto também é almejado pela teoria do domínio do fato, assim Roxin, Täterschaft, p. 670 e s.

72. Crítica extensa em Stein, Die strafrechtliche Beteiligungsformenlehre, 1988, p. 196 e ss.

73. *(N.T.): É o dispositivo que prevê a figura do estado de necessidade exculpante.

74. Roxin, Täterschaft, p. 143 e ss.; idem., AT-2, § 25, nm. 48.

75. Assim Roxin, Organisationsherrschaft und Tatentschlossenheit, FS Schroeder, 2006, p. 387 (388, 391 e s., 398 e s.).

76. Haas, Die Theorie de r Tatherrschaft und ihre Grundlagen, 2008, p. 26.

Por outro lado, Schünemann insiste que o domínio do fato é um "conceito tipológico", cujos elementos individuais se manifestam por vezes mais, por vezes menos,[77] e zombou da concepção também aqui defendida, ao classificá-la de jurisprudência de conceitos da idade da pedra.[78] O problema metodológico não consiste em que um conceito possa ter elementos graduáveis, e sim em que se possa combinar entre si inúmeros elementos de inúmeras formas para se construir um conceito. Primeiramente, este já não é o caso quando os elementos se contradizem.[79] Segundo, no mais tardar desde Hume,[80] todas as luzes de alarme devem piscar quando se pretende unir termos descritivos a termos prescritivos, também quando ambas as formas de conceitos dirijam-se ao mesmo mundo. Desta forma, da circunstância em si de que determinado desenvolvimento de um acontecimento é possível, não se extrai absolutamente nada sobre se este desenvolvimento deve ocorrer ou sobre se deve ser evitado. Inversamente, o modo de comunicação de uma regra exige, quando esta pretende ser uma regulamentação dotada de sentido,[81] que o desenvolvimento do acontecimento exigido seja por um lado possível e, por outro, que ele não vá necessariamente ocorrer. Para o "domínio da organização" isso significa que: se o autor "sentado à escrivaninha" deve ser responsabilizado como homem de trás por um homem da frente ter cumprido a sua ordem, o cumprimento da ordem deve ser possível, vale dizer, provável. Da probabilidade do cumprimento da ordem não decorre, contudo, absolutamente nada, e, por conta disto, de resto também não se confere importância ao grau de chance de

77. SCHÜNEMANN, FS Roxin, 2011, p. 808 e ss.; o por ROXIN, Täterschaft, p. 528 e ss., denominado "conceito concreto-geral" remonta a LARENZ, que propagou, no ano de 1938, este "método" de desenvolvimento de conceitos em seu manual "Über Gegenstand und Methode völkischen Rechtsdenkens", fazendo referência a HEGEL; ver ainda LARENZ, Zur Logik des konkreten Begriffs, DRW 1940, p. 279 e ss.; RÜTHERS, Die unbegrenzte Auslegung, 7. ed. 2012, p. 304 e ss., demonstrou de forma convincente tudo o que é possível fazer com isto. Um pouco de consciência acerca dos problemas históricos seria neste ponto, portanto, altamente recomendável.

78. SCHÜNEMANN, FS Roxin, 2011, p. 812.

79. Ilustrativo: "A bola é mais ou menos redonda e ao mesmo tempo menos ou mais pontuda".

80. HUME, A Treatise of Human Nature, 1739/40, III. 1.

81. Sobre o significado de "dever pressupõe poder", instrutivo, MORITZ, Verpflichtung und Freiheit. Sobre a frase "dever pressupõe poder", Theoria 19 (1953), p. 131 (142 e ss.); VON WRIGHT, Norm und Handlung, 1979, p. 114 e ss.

realização do resultado para diferenciar autoria de participação.[82] Por exemplo, é possível avaliar que a chance de um instigador realizar o seu plano de assassinato é maior quando ele contrata um assassino profissional do que quando ele utiliza um incapaz ou uma pessoa em erro. A despeito disto, nenhum defensor da teoria do domínio do fato questiona que no primeiro caso haja instigação e de que no segundo haja autoria mediata. A ressalva de que no domínio da organização, ao contrário do que ocorre na instigação, a imputação está moldada a acontecimentos regulares dentro de uma hierarquia[83] evidencia outro problema: não se pode basear uma avaliação (de imputação) singular em relações estatísticas.[84] Em verdade, o domínio da organização apoia-se porém em uma consideração normativa: o "poder de guiar" do homem de trás advém de seu comando.[85] A teoria do domínio do fato obscurece, entretanto, este fundamento de imputação.

A despeito das muito controversas e discutidas implicações pontuais, ater-se à teoria da equivalência consiste em um equívoco fundamental da teoria do domínio do fato. Os requisitos objetivos da teoria do domínio do fato não devem de forma alguma repousar em particularidades do desenvolvimento causal, pois a causa do resultado típico é a contribuição conjunta de todos os envolvidos.[86] Contudo, não se pode defender a equivalência jurídica das causas e simultaneamente defender uma diferença objetiva – nomeadamente a presença ou a ausência de domínio do fato.[87] Esta contradição em termos é também relevante, pois a teoria da equivalência constitui justamente a base da teoria subjetiva da autoria – teoria combatida pela teoria do domínio do fato. Ainda seria imaginável construir a teoria do domínio do fato como uma qualidade especial do autor[88] e integrá-la à

82. Haas, die Theorie, p. 26; Herzberg, Das Fujimori-Urteil: Zur Beteiligung des Befehlsgebers an den Verbrechen seines Machtapparates, ZIS 2009, p. 576 (578); Murmann, Tatherrschaft durch Weisungsmacht, GA 1996, p. 269 (274); Radtke, Mittelbare Täterschaft kraft Organisationsherrschaft im nationalen und internationalen Strafrecht, GA 2006, p. 350 (355).

83. Assim Roxin, AT-2, § 25, nm. 119.

84. Ver sobre isso, em um outro contexto, Keil, Handeln und Verursachen, 2000, p. 213 e ss.

85. Assim, de forma extensa Haas, die Theorie, p. 86 e sp.

86. Cf. Bloy, Die Beteiligungsform, p. 202; Roxin, Täterschaft, p. 28, 30, 327 e s.

87. Haas, die Theorie, p. 41 e ss.

88. Cf. Bloy, Die Bedeutung des Irrtums über die Täterrolle, ZStW 115 (2007), p. 3 (7): domínio do fato como sinal da assinatura do fato pela pessoa do autor; ver sobre isso a

imputação objetiva. Porém, como demonstrado, a imputação objetiva dirige-se também ao partícipe e ela está, da mesma forma, ligada à causalidade equivalente. Como, consequentemente, o conceito de fato não é definido de modo mais preciso, permanece questionável a que o domínio deve, em última análise, referir-se.[89] O conceito de autor da teoria do domínio do fato é, portanto, apenas aparentemente restritivo, pois de uma perspectiva objetiva tal conceito efetivamente abarca também a conduta do partícipe. Em decorrência disto, o fundamento normativo da teoria do domínio do fato permanece obscuro. A diferença de injusto entre autoria e participação possui natureza qualitativa ou quantitativa?[90] Esta questão coloca-se com ainda mais razão porque em muitos casos da autoria mediata (nomeadamente na utilização de um instrumento não-culpável) o homem da frente também age com dolo, ou seja, finalisticamente. Com isso, a diferenciação entre as diversas forma de domínio do fato perde-se em uma graduação: domínio da vontade e domínio da ação são na mesma medida domínio do fato, mas o domínio da vontade o é, de alguma forma, mais.[91]

c) O injusto da participação

Da perspectiva de uma equivalência dos riscos não permitidos, o injusto da participação decorre da circunstância de que o partícipe, assim a em voga "teoria da causação orientada pela acessoriedade", causa uma conduta antijurídica de outrem.[92] Para demonstrar que o bem jurídico agredido pelo autor também precisa ser tutelado perante o partícipe, Roxin propôs interpretar a participação como "agressão acessória ao bem jurídico". Esta formulação deve, por um lado, descrever os elementos autônomos do injusto do partícipe e, por

crítica de Haas, die Theorie p. 35 e ss.

89. Freund, AT, § 10, nm. 46 e s., 66; Haas, Kritik der Tatherrschaftslehre, ZStW 119 (2007), p. 519 (526 e ss.).

90. Haas, ZStW 119 (2007), p. 523 e ss.

91. Segundo a concepção normativa de Jakobs, AT, 21/3, 16, 32 e s., que compreende o domínio do fato como competência (Zuständigkeit) em razão da organização, também não há diferença qualitativa entre autoria e participação.

92. Cf. BGHSt 4, p. 355 (358); Joecks em: MüKo-StGB, comentários prévios aos §§ 26, 27 nm. 10 und 16 e s., com ulteriores referências.

outro, esclarecer que o injusto da participação também deriva "em grande medida do injusto da ação principal".[93]

Contudo, não se explica como o injusto do partícipe pode ser simultaneamente concebido como autônomo e derivado; pelo contrário, a relação entre ambos os aspectos permanece obscura. Ao invés disso, o partícipe cria, primeiramente em virtude da sua conduta, um risco não permitido que posteriormente se realiza no resultado da ação principal. Contudo, esta argumentação, que acaba por não se diferenciar da denominada "teoria da causação pura",[94] também se esvazia quando a ação principal não é realizada. Afinal, nestes casos, a conduta do partícipe não traz consequências para a potencial vítima do delito. Como a ação principal tem sua origem em uma vontade livre, toda menção a uma causação por parte do partícipe é, já de partida, certamente equivocada. Pelo mesmo motivo, a função de determinação da norma de comportamento é negligenciada, pois a antijuridicidade da conduta do partícipe depende de circunstâncias que ocorrem somente após a realização da conduta. Da concepção de que o injusto da participação consiste na causação de um fato antijurídico principal é ainda possível extrair que o desvalor de resultado da participação e da autoria é o mesmo. Um desvalor de ação autônomo da participação não é, com o auxílio desta concepção, contudo, demonstrado. Pelo contrário, por conta da correspondência do desvalor de resultado, a conclusão de que a norma de comportamento também é a mesma fica próxima. Isto demonstra que a teoria da causação orientada pela acessoriedade não se desvincula, na prática, de um conceito extensivo de autor[95] – o que ela, em decorrência de seu aprisionamento à causalidade equivalente, certamente não seria capaz de fazer.

Por outro lado, o partícipe ainda não viola, com a sua conduta em si, a posição jurídica violada (somente) pela ação principal. O injusto da participação precisa ser explicado de outra forma.

93. Roxin, Zum Strafgrund der Teilnahme, FS Stree/Wessels, 1993, p. 365 (380 e s.); em sentido similar Schünemann em: LK-StGB, comentários prévios ao § 26 nm. 17.

94. Cf. Lüderssen, Zum Strafgrund der Teilnahme, 1967, p. 117 e ss.; também M.-K. Meyer, Tatbegriff und Teilnehmerdelikt, GA 1979, p. 252 (254 e ss.).

95. Ver Haas, die Theorie, p. 132 e s.

III. FUNDAMENTAÇÃO DE UM CONCEITO RESTRITIVO DE AUTOR

Voltemos novamente ao ponto de partida: um partícipe não realiza ele próprio um tipo penal. Participação é a contribuição a um fato principal *alheio*. Assim está disposto na lei. Entretanto, com isso o fato principal não se torna simultaneamente fato do partícipe. Da perspectiva da teoria das normas: o partícipe viola uma norma de comportamento diversa daquela violada por quem preenche o tipo.[96] Esta norma de comportamento dirigida ao partícipe trata da contribuição a uma violação da norma por outrem. Esta é uma consequência necessária do conceito restritivo de fato.

Por conta disto, nós precisamos nos perguntar mais uma vez: o que significa preencher um tipo penal (ver § 11, item 1 n. 5 do StGB), por exemplo matar (§ 212 do StGB), praticar lesões corporais (§ 223 do StGB) ou danos patrimoniais (§ 303 do StGB)? Se a participação é um conceito vinculado, pois ela se vincula à ação de outrem, surge a pergunta sobre o que constitui o seu injusto.

1. O delito como violação de uma posição jurídica tutelada

a) A proteção de posições jurídicas como função do direito penal

Em geral, a função do direito penal é vista como a proteção de bens jurídicos.[97] Com a descrição desta função, deve-se indicar o fundamento e os limites do direito penal em um estado de direito pautado pela liberdade. Apesar deste eminente significado do conceito de bem jurídico, a ciência jurídico-penal ainda não alcançou critérios claros, com outras palavras: ainda não foi capaz de chegar a um consenso acerca da sua definição. Por conta disto e por conta da grande ausência de importância deste conceito na aplicação do direito penal, fala-se em uma "crise do conceito de bem jurídico".[98] A

96. Assim já Höpfner, Über die rechtliche Eigenart von Anstiftung und Beihilfe, ZStW 26 (1906), p. 579 (586 e s., 619 e s.)

97. Ver BVerfGE 21, p. 391 (403); 25, 269 (286); 45, 187 (254 f.); 50, 142 (153); 96, 245 (249); sobre a discussão atual sobre o bem jurídico, por todos Hefendehl GA 2007, p. 1 e ss.; Svoboda, Die Lehre vom Rechtsgut und ihre Alternativen, ZStW 122 (2010), p. 24 e ss.

98. Wohlers, Rechtsgutstheorie und Deliktsstruktur, GA 2002, p. 15 e ss.

*N.T. Há tradução deste artigo realizada por Alaor Leite: Wohlers, Teoria do bem despeito dos diferentes conteúdos a ele conferidos, o conceito de bem jurídico padece de falhas metodológicas:

> O ponto de partida de todas as teorias do bem jurídico segue sendo a definição, que remonta à v. Liszt, de bem jurídico como "interesse juridicamente protegido".[99] Este conceito de bem jurídico descreve uma *relação dúplice*, entre um sujeito determinado e uma situação fática determinada: "X tem um interesse em S".[100]

Essa formulação do conceito tem um alcance muito restrito, entre outras razões, porque o ordenamento jurídico não leva, de forma alguma, os objetivos individuais em conta, e sim confere espaços de liberdade juridicamente garantidos, em que cada um pode perseguir as suas necessidades ao seu bel-prazer. Para denominar este espaço garantido de liberdade passou-se a utilizar a expressão "direito subjetivo".[101] O direito subjetivo é o meio para se perseguir os interesses e não os interesses em si. A ligação, comumente feita, do conceito de bem jurídico ao interesse não distingue entre a posição jurídica conferida e a motivação de fazer uso dela e incorre, assim, em uma compreensão equivocada da função do direito.[102]

Desse modo, o conceito usual de bem jurídico satisfaz-se com um pensamento pautado em categorias de dano: normas de conduta proíbem lesões a bens jurídicos. Contudo, em decorrência do postulado "*casum sentit dominus*", a ocorrência de um dano ainda não fundamenta a responsabilidade de outrem por este dano.[103] A pergunta acerca da responsabilidade coloca-se certamente de forma bastante distinta quando os indivíduos, no sentido da compreensão jurídica estatista do século XIX, são compreendidos apenas como elementos de cálculo no balanço total da sociedade. Desta forma, todo o meio social é interpretado como pertencente a uma só esfera de direitos,

jurídico e estrutura do delito, RBCC 90 (2011), p. 97 e ss.

99. V. Liszt, Der Zweckgedanke im Strafrecht, ZStW 3 (1883), p. 1 (19); mais sobre isso em Haas, Kausalität p. 61 e ss.

100. A partir dos fundamentos do conceito pessoal de bem jurídico – ver, por exemplo, Hassemer, Strafen im Rechtsstaat, 2000, p. 160 e ss.– trata-se de um interesse das pessoas consideradas individualmente.

101. Ver Savigny, System des heutigen römischen Rechts, v. 1, 1840, p. 331 e ss.; ver ainda Röhl/Röhl, Allgemeine Rechtslehre, 3. ed. 2008, p. 356 e ss.

102. Kleinert, Persönliche Betroffenheit und Mitwirkung, 2008, p. 86.

103. Haas, Kausalität, p. 69.

à do estado "Leviatã". Contudo, para o detentor da única e mesma esfera jurídica, todo acontecimento tem o mesmo valor. Dito de outra forma: toda lesão a bem jurídico tem necessariamente (ao menos) um autor – ou: toda contribuição causal tem o mesmo valor. De uma perspectiva metodológica, a ciência jurídico-penal até hoje ainda não conseguiu se desvincular desta origem antiliberal da teoria do bem jurídico.[104] Também a causalidade equivalente em conjunto com a teoria da imputação objetiva não são de forma alguma, ao menos quando se olha com mais cuidado para a sua origem,[105] liberais.

Há algum tempo, Volker Haas propôs voltar a guiar-se por uma abordagem que era amplamente dominante no início do século XIX: a posição liberal-naturalista de Feuerbach, derivada da teoria contratualista da filosofia do direito, segundo a qual todo delito é caracterizado pela violação de um direito: "Quem transgride os limites da liberdade jurídica comete uma lesão jurídica, ofensa (*Läsion*). Quem lesiona a liberdade, afiançada pelo contrato estatal, assegurada pelas leis penais, comete um crime".[106] Em todos os delitos de lesão existem, portanto, dois ofendidos: o sujeito de direito, cuja posição jurídica o autor viola, e o estado, que teve a norma de comportamento, por ele estabelecida para proteger a esfera jurídica atingida, descumprida pelo autor. Dito de outra forma: um delito de lesão representa horizontalmente a violação de uma relação jurídica e verticalmente o descumprimento de uma norma de comportamento.[107] A violação da posição jurídica protegida é a *razão* e o descumprimento da norma de comportamento é o *fundamento* da punição.[108]

104. Cf. sobre isso Renzikowski, Normentheorie und Strafrechtsdogmatik, em: Alexy (org.), Juristische Grundlagenforschung, 2005, p. 115 (119 e ss., 124 e ss.).

105. Ver sobre isso Hübner, Die Entwicklung der objektiven Zurechnung, 2004.

106. Feuerbach, Lehrbuch des gemeinen, in Deutschland gültigen Peinlichen Rechts, org. por Mittermaier, 14. ed. 1847, § 21. Esta teoria era dominante até a década de 30 do século XIX, até ter sido substituída pelo conceito de lesão a bem jurídico de Birnbaum, Ueber das Erforderniß einer Rechtsverletzung zum Begriffe des Verbrechens, mit besonderer Rücksicht auf den Begriff der Ehrenkränkung, Archiv des Criminalrechts, 1834, p. 149 e ss. Mais detalhadamente sobre isso Haas, Kausalität, p. 61 e ss.; no mesmo sentido do aqui defendido Hörnle, Grob anstößiges Verhalten, 2002, p. 65 e ss.; crítico Greco, Lebendiges und Totes in Feuerbachs Straftheorie, 2009, p. 303 e ss.

107. Haas, Kausalität, p. 58 e ss.; Kleinert, Persönliche Betroffenheit, p. 106 e s.; em sentido contrário Roxin, Zur neueren Entwicklung der Rechtsgutsdebatte, FS Hassemer, 2010, p. 573 (590 e s.).

108. Renzikowski, GA 2007, p. 568.

As posições jurídicas, à proteção das quais as normas de conduta servem, descrevem, ao contrário do que faz o conceito de bem jurídico, uma *relação tríplice*: dois sujeitos de direito e um determinado objeto de referência. A relação entre o sujeito de direito e a situação fática é caracterizada pela função de gozo, enquanto a relação daquele com o outro sujeito de direito é caracterizada pela função de exclusão.[109] Uma posição jurídica como esta formula o § 903 do código civil alemão (=BGB) de forma particularmente clara: "O proprietário de uma coisa (...) pode proceder com a coisa da forma que lhe aprouver e excluir outrem de qualquer intervenção" (redação original: "*Der Eigentümer einer Sache kann... mit der Sache nach Belieben verfahren und andere von jeder Einwirkung ausschließen*"). Esta dupla competência, nomeadamente de dispor de uma determinada coisa e de excluir as interferências não autorizadas, caracteriza toda posição jurídica. As funções de gozo e de exclusão são, neste aspecto, diferentes descrições para a mesma relação jurídica: por um lado, da perspectiva do legitimado, e por outro, da perspectiva do obrigado.[110] Dessa maneira, a ordem jurídica de atribuição (*Rechtszuweisungsordnung*) determina qual sujeito de direito pode controlar uma coisa de acordo com a sua vontade sem a interferência dos demais.

Quando nem um indivíduo, nem o estado possuem legitimidade para exigir que um terceiro se abstenha, é impensável que o estado possua legitimidade para utilizar a pena para fazer valer a correspondente exigência.[111] Com isso, pode-se voltar o foco da posição jurídica violada para o ponto de partida do acontecimento. Proibições de

109. Fundamental a esse respeito Haas, Kausalität, p. 98 e ss.

110. Haas, Kausalität, p. 56 e s.; ver também a definição de direito subjetivo como uma regra jurídica constituída a partir da relação de pessoas de direito em Savigny, System, p. 332 e s.; isto vale em geral também para bens jurídicos coletivos, que também devem ser compreendidos como relações jurídicas, nomeadamente entre a totalidade dos membros de sociedades juridicamente constituídas no âmbito do estado, representados pelos órgãos estatais, e os indivíduos singulares. Mais sobre isso, Renzikowski, Pflichten und Rechte – Rechtsverhältnis und Zurechnung, GA 2007, p. 561 (p. 569 e ss.). *(N.T. Texto que compõe o presente livro).

111. Altenhain, Das Anschlussdelikt, 2002, p. 299; em sentido diverso Frisch, An den Grenzen des Strafrechts, FS Stree/Wessels, 1993, p. 82 (n. 56); em sentido contrário, com razão, Kleinert, Persönliche Betroffenheit, p. 100. Por outro lado, as normas de comportamento não constituem todo o âmbito da ordem jurídica de atribuição, como, por exemplo, os diferentes sistemas de direito civil de responsabilização pela criação de riscos demonstram. Ver sobre isso também Haas, Kausalität, p. 83 e ss., 98 e ss.

lesionar destinadas à proteção de indivíduos singulares compreendem aquelas ações que são relevantes para a função de exclusão do direito subjetivo.

b) O que é, então, o delito?

Pensar a partir de relações jurídicas não influência apenas a fundamentação da norma, mas também a imputação de resultados. Como consequência, os tipos de resultado exigem, por exemplo, que a conduta do autor viole uma relação jurídica. Ao usurpar a esfera jurídica alheia, o autor estende o seu espaço de liberdade ao custo das outras esferas jurídicas.[112] Para tanto, não basta qualquer causação de um dano, compreendida enquanto "alteração negativa de determinado objeto do bem jurídico (*Rechtsgutsobjekts*)",[113] é necessário, para além disso, que o autor viole a posição jurídica protegida *enquanto direito*, significa dizer, que desrespeite a função de exclusão do direito alheio.

É necessário esclarecer, portanto, a alteração no estado da posição jurídica garantida. Esta alteração deve ser reconduzida à uma ação. Quando alguém pratica uma conduta, realiza, com isto, uma alteração no mundo.[114] O cerne correto da imprecisa fórmula da *sine qua non* utilizada pela jurisprudência consiste em formular uma condicional contrafática.[115] Sem a ação típica, a esfera jurídica garantida não teria sido violada. Para explicar esta alteração é necessário apenas, ao lado da demonstração de um resultado, no sentido da afetação do estado de um bem pertencente à esfera de direitos protegida, informar o estado inicial no momento em que a ação em questão foi realizada.

Para a explicação da violação da relação jurídica é indiferente a quais causas o estado inicial se deve ou quais condições sequer possibilitaram a conduta típica.[116] A conduta típica é, assim, sempre

112. HAAS, Kausalität, p. 102; em sentido contrário PUPPE em: NK-StGB, comentários prévios ao § 13, nm. 180.

113. Ver PUPPE em: NK-StGB, comentários prévios ao § 13, nm. 72 e ss.

114. Detalhadamente sobre isso KEIL, Handeln und Verursachen, 2000, p. 319 e ss.

115. Sobre o problema lógico da condicional contrafática, fundamental, LEWIS, Counterfactuals, 1973; sobre a compreensão contrafática da causalidade ver KEIL, Handeln, p. 272 e ss.

116. Assim, por exemplo, VOGEL, Norm und Pflicht bei den unechten Unterlassungsdelikten, 1993, p. 50 e s., que, contudo, adota um conceito de ação muito amplo, que nem

a conduta do "último causador", no sentido da teoria da equivalência. Desta forma, a infinitamente criticada equivalência de todos os riscos juridicamente não permitidos e a potencial infinitude dos "campos causais" da teoria adotada por Puppe são evitadas.

Assim, o conceito restritivo de fato está completo: o delito, que o tipo penal descreve, é, portanto, uma conduta que o autor não pode realizar, pois o poder legal do direito subjetivo afetado é suficiente para proibir tal conduta. *Delito é, segundo esta concepção, apenas o acontecimento imediatamente anterior à lesão do bem jurídico*. Por exemplo, comete o delito descrito no § 212 do StGB[117*] o autor A, que atira na vítima, mas não o B, que empresta a arma do crime, nem o C, que promete 20.000 euros pelo cometimento do delito. Realização do tipo significa, portanto, primeiramente apenas e somente autoria imediata, no sentido da primeira hipótese do § 25 item 1 StGB.[118] Para fundamentar a punibilidade dos cúmplices e dos instigadores, é necessária uma norma de comportamento autônoma, que abarque a conduta dos partícipes. Dessa forma, há uma diferença qualitativa entre autoria e participação, que pode ser retratada pela teoria das normas. Assim, podem ser formulados dois gêneros de normas de comportamento: Normas de comportamento que embasam os tipos de penais e que são voltadas ao autor e normas de comportamento que não embasam os tipos penais e que são voltadas ao partícipe.

Jakobs considera que a posição aqui defendida superestima a posição do autor. Ela conhece "apenas 'eu' e 'ele', e desconhece 'nós'".[119] Segundo a sua concepção, por ser um princípio organizativo da sociedade moderna, a divisão de tarefas deve necessariamente ser incorporada diretamente à teoria do delito: o paradigma do autor individual, que não se amolda à ação conjunta de mais intervenientes, deveria, portanto, ser substituído pelo "sistema de injusto", que compreende o autor individual como caso limite da competência pelo delito (*Tatzuständigkeit*).[120]

sequer exige vontade.

117. *(N.T.): O § 212 prevê o crime de homicídio simples.

118. Ver Haas, Theorie, p. 79 e s.; idem em: Matt/Renzikowski, comentários prévios aos §§ 25, e ss., nm. 14 e ss.

119. Jakobs, FS Lampe, p. 568 e s.(n. 22).

120. Jakobs, FS Lampe, p. 561 e s. et passim.

Contudo, a culpabilidade é um juízo individual acerca da conduta de um autor individual: "Imputação (*imputatio*) em sentido moral é o juízo, segundo o qual alguém é considerado autor (*causa libera*) de uma conduta, que então se denomina fato (*factum*) e que está regida por leis".[121] *Ao utilizar a expressão "conduta", nós individualizamos o autor de resultados.*

O indivíduo é um sujeito de direitos, isto significa que a ele são conferidas autorresponsabilidade e autodeterminação.[122]

Em geral, esta individualização está estreitamente associada ao conceito de direitos subjetivos, que são conferidos ao seu detentor para que ele deles disponha de forma autorresponsável. Por outro lado, o coletivismo de Jakobs reduz o indivíduo a um "coletivo de relações sociais"; tal coletivismo é, portanto, pouco compatível com as premissas de um estado de direito liberal. Por outro lado, o conceito de imputação aqui proposto tampouco exclui a responsabilidade de uma coletividade – compreendida, contudo, enquanto a união de indivíduos.[123] A responsabilidade de outras pessoas é, da mesma forma, possível. As regras de autoria mediata e de coautoria formulam, por exemplo, razões de imputação.

c) *Autoria mediata e coautoria como fundamentos de imputação*

Sob a perspectiva de um conceito restritivo de fato, a autoria mediata (§ 25 item 1, 2. alternativa. StGB) é uma figura de imputação.[124] A conduta do homem de trás não preenche, em si, o tipo de

121. Kant, Metaphysik der Sitten (1797), em: Kants gesammelte Schriften, v. 6, 1907, p. 203 (227).

122. Ver BVerfGE 7, p. 198 (205); 32, p. 98 (106 e ss.); 45, p. 187 (227 e s.); 49, p. 286 (298); 65, p. 1 (41).

123. A coautoria e a responsabilização de pessoas jurídicas já eram reconhecidas enquanto problemas e discutidas pela filosofia do direito iluminista. Mais sobre isso: Aichele, Was kann die Rechtsphilosophie für das Recht tun? Ein Antwortversuch am Beispiel der Konstruktion von Mittäterschaft durch juristische Personalität nach Samuel Stryk und Immanuel Kant, em: Kühl (org.), Zur Kompetenz der Rechtsphilosophie in Rechtsfragen, ARSP-Beiheft 126 (2011), p. 31 (37 e ss.).

124. Contrariamente do que defende Haas, Theorie, p. 80 e s., não se trata de uma "ficção jurídica": Imputação não é fictícia – mais sobre isso Aichele, Von der Fiktion zur Abstraktion. Nikolaus Hieronymus Gundling über mögliche Urteilssubjekte anhand seiner Auseinandersetzung mit Dadino Alteserras Begriff der *persona ficta*, ARSP 96 (2010), p. 516 e ss., 534 e ss.; sem considerar que uma imputação fictícia somente pode conduzir

um delito de lesão. Isto também é visto desta forma por diversos defensores da posição dominante,[125] sem que estes se deem conta, entretanto, da contradição com a equivalência da criação de riscos. Imputação é a usurpação de uma esfera jurídica alheia. Por se valer de um déficit de imputação do homem da frente, o homem de trás interfere de forma antijurídica na liberdade decisória da vítima.[126] Não é preciso, portanto, recorrer à metáfora do "domínio".

Na coautoria também trata-se de estabelecer se e em que medida alguém pode ser responsabilizado pela conduta de outrem. Já da previsão autônoma da punibilidade do planejamento de um delito (§ 30, Item 2 StGB)[127*] é possível extrair que o plano conjunto não pertence à conduta típica, e sim fundamenta a imputação recíproca dos fatos. O ponto de partida de todo juízo de imputação é, conforme demonstrado acima, a vontade livre. Diversos indivíduos podem, por intermédio de um acordo de vontade, constituir uma pessoa moral. Em decorrência desse acordo, a vontade individual torna-se vontade conjunta. Dessa forma, em relação à pessoa moral, os indivíduos formam um todo único, isto significa que não se distinguem entre as suas ações no âmbito deste coletivo. Portanto, o que pode ser imputado à *persona moralis*, vale dizer, pode ser reconduzido à sua vontade, pode ser na mesma medida imputado aos seus componentes, ou seja, aos indivíduos separadamente. Sendo assim, cada coautor representa o projeto conjunto de ação.[128] Não se trata, portanto, de *domínio* (funcional) do fato, e sim de *competência* pelo fato (*Tatzuständigkeit*). Com isso, também o § 25 item 2 do StGB[129*] formula uma norma de imputação. A exemplo do que ocorre na autoria mediata, na coautoria também imputa-se, sob determinadas condições, nomeadamente quando houver execução conjunta de um plano comum, ao

a uma culpabilidade fictícia e, portanto, teria sérias dificuldades em servir de base para a condenação bastante real do autor mediato.

125. Por todos Kühl, AT, § 20 nm. 42.

126. Detalhes em Haas em: Matt/Renzikowski, § 25, nm. 5 e ss.

127. *(N.T.): O § 30, Item 2 do StGB dispõe, entre outras coisas, que o ato de firmar um acordo com alguém para cometer um crime ou para instigar um terceiro a cometê-lo é punível.

128. Cf. já Binding, Die drei Grundformen des verbrecherischen Subjekts: der Täter, der Verursacher (Urheber), der Gehilfe, em: Strafrechtliche und strafprozessuale Abhandlungen. v. 1, 1915, p. 251 (298): Coautoria enquanto "representação livre na ação delitiva".

129. *(N.T.): Este dispositivo regula a coautoria.

coautor que não realizou ele mesmo o tipo, no sentido do § 25, item 1, 1ª alternativa StGB,[130*] a conduta de outra pessoa como se dele fosse – com a relevante consequência secundária de poder prescindir da prova da causalidade da contribuição individual.[131] Somente com o recurso à imputação recíproca de condutas fundamenta-se o injusto da coautoria.[132]

2. O injusto da participação

Frequentemente a questão acerca do injusto da participação é lançada em conjunto com o fundamento da sua punição. Por conta da distinção entre normas de comportamento e normas de sanção, as perguntas devem ser, entretanto, separadas.[133] A seguir precisa ser esclarecido por qual razão a participação em um fato principal alheio é antijurídica, já que esta participação é diferente da violação de direito decorrente do fato principal. Somente então pode-se questionar sob quais condições a conduta antijurídica do partícipe será punida. O caráter ilegal da conduta do partícipe é uma exigência necessária para a sua punição.[134] É preciso demonstrar, portanto, no que consiste a ilegalidade da conduta do partícipe. A, com isto, descrita acessoriedade da participação possui, ademais, um segundo significado: ela descreve também o alcance da punibilidade da participação, que, por um lado, exige a ilegalidade, mas que, por outro, deve ser com rigor dela diferenciada.

130. *(N.T.): Este dispositivo regula a autoria imediata.

131. Assim por exemplo nas denominadas coautorias "aditiva" e "alternativa", cf. Sobre isso Roxin, AT-2, § 25, nm. 229 e ss.

132. Assim, por exemplo, também Schünemann em: LK-StGB, § 25, nm. 155; Heine em: Schönke/Schröder, § 25, nm. 61; em sentido contrário Stein, Die strafrechtliche Beteiligungsformenlehre, p. 86 e ss., 315 e ss.: violação do princípio da culpabilidade; Roxin, Der im Vorbereitungsstadium ausscheidende Mittäter, FS Frisch, 2013, p. 613 (629 e s.). Cf. Em sentido oposto Puppe GA 2004, p. 129 (131): "A coautoria não foi constituída para substituir a exigência da causação de um resultado". Mas então a coautoria é, na prática, "uma mera forma de manifestação de várias autorias individuais" (Schilling, Der Verbrechensversuch des Mittäters und des mittelbaren Täters, 1975, p. 73 e s.).

133. Cf. sobre isso Gössel, Überlegungen zum sog. "Strafgrund" der Teilnahme, FS Spinellis, 2001, p. 379 e ss.

134. Assim já Sax, Zur Problematik des Teilnehmerdelikts, ZStW 90 (1978), p. 927 (931); em sentido similar Schumann, Strafrechtliches Handlungsunrecht und das Prinzip der Selbstverantwortung der Anderen, 1986, p. 48 e s.; Stein, Die strafrechtliche Beteiligungsformenlehre, p. 31.

Normas de comportamento devem dizer ao destinatário de que forma ele deve se comportar em uma determinada situação. Portanto, a conduta ordenada deve estar estabelecida no momento da decisão sobre a realização ou a omissão da conduta em questão, não podendo depender de circunstâncias posteriores. Para os tipos penais que estabelecem proibições de lesionar isto é bastante claro. Por exemplo: quem atira com o intuito de acertar alguém viola a proibição de não realizar uma conduta homicida – e o faz também quando a vítima não é atingida, ou seja, quando há (apenas) uma tentativa de homicídio. Entretanto, enquanto nos delitos de lesão a posterior ocorrência do resultado juridicamente desaprovado é causado pela conduta típica, isto se dá de forma diversa na participação. O partícipe não causa a conduta típica do autor; portanto, ele também não viola a posição jurídica garantida pelo respectivo tipo. Em virtude disto, de uma perspectiva normativa, as normas de conduta que proíbem a participação apenas são compreendidas como proibições de criar um perigo.[135] Isto significa, sobretudo, que a antijuridicidade da participação se configura quando o partícipe incentiva o autor a cometer um delito ou quando aquele possibilita as circunstâncias práticas para tanto – independentemente de o autor cometer o delito.

Ao instigador (§ 26 StGB) é vedado fornecer um motivo decisivo para o cometimento do fato principal. Ao partícipe (§ 27 StGB) é proibido afastar os obstáculos práticos que possam dificultar a realização do fato principal. Por de certa forma proporcionar o "material" para a realização do delito, o partícipe aumenta o risco de lesão ao direito.[136] Acessoriedade da participação não significa, portanto, que o injusto da participação deriva do injusto do fato principal, com a consequência de que sem um fato principal ao menos tentado não pode haver injusto da participação, como defende a opinião dominante. Em verdade, a relação entre a participação e o fato principal consiste em que a respectiva conduta do partícipe sempre precisa estar voltada a um fato principal. O fato principal antecipado pelo partícipe é a razão intencional para considerar a participação perigosa e, assim, ilegal.[137]

135. Renzikowski, Restriktiver Täterbegriff und fahrlässige Beteiligung, 1997, p. 127 e ss.

136. Cf. Renzikowski, Restriktiver Täterbegriff, p. 123 e ss.

137. Ver também Renzikowski, Restriktiver Täterbegriff, p. 130. Esta relação normativa, contrariamente à teoria da causação, não apenas "fática" com o fato principal

O injusto da participação é, portanto, derivado do fato principal no sentido de que as normas de conduta voltadas ao partícipe podem ser teleologicamente extraídas das proibições de lesionar: porque é proibido violar a esfera jurídica alheia, não se deve também facilitar tais lesões. A acessoriedade é, neste sentido, *finalística*.

Volker Haas desenvolveu esta concepção de forma mais detalhada e classificou a participação como abuso de direito (*Rechtsmissbrauch*). Assim, o partícipe viola os limites imanentes à sua liberdade de ação, pois, por conta do contexto externo da ação, a sua conduta somente pode ser compreendida como se ela tivesse o objetivo de instigar o autor a cometer o fato principal antijurídico ou de auxiliá-lo a cometê-lo. O § 226 do BGB concede ao detentor da posição jurídica protegida pelo tipo uma pretensão de que condutas abusivas como estas não sejam realizadas.[138*] Existe, nestes contornos, uma "acessoriedade normativa" da participação.[139]

A crítica central a essa posição foi formulada por Jakobs: contribuição na fase preparatória de um fato típico não é per se um injusto – assim como os atos preparatórios do próprio autor tampouco o são.[140] A imputação do injusto do fato principal ao partícipe dar-se-ia, isto sim, em decorrência da violação de um dever. Através da sua contribuição, o partícipe criaria o perigo de uma posterior punição. Se o acontecimento delitivo for levado a cabo, ele não poderá mais dele se distanciar. "A responsabilidade pela violação do dever torna-se responsabilidade pelo injusto e, assim, culpabilidade".[141] Porém, a valoração de uma conduta como antinormativa não depende de que ela seja subsumível a um tipo penal. Sendo assim, não constitui objeção alguma que a violação da norma de comportamento dirigida ao partícipe em si, ou seja, independentemente de o fato principal ser ao menos tentado, já não seja punida; assim como também é irrelevante que o tipo penal não seja estendido ao estágio preparatório para o próprio

(Cf. Lüderssen, Zum Strafgrund der Teilnahme, 1967, p. 25, 117 e ss.) evita os problemas que a teoria da causação tem com os delitos de dever.

138. *(N.T.): O § 226 do BGB dispõe que o usufruto de um direito apenas com o intuito de causar dano a alguém é vedado.

139. Haas, die Theorie, p. 134 e ss.; idem em: Matt/Renzikowski, comentários prévios aos §§ 25, e ss., nm. 34 e s.

140. Jakobs, AT, 21/8a, 22/6, 8; idem, GA 1996, p. 259, 268; idem, FS Puppe, p. 554.

141. Jakobs, FS Puppe, p. 556; da mesma forma anteriormente, idem, Strafrechtliche Haftung durch Mitwirkung an Abstimmungen, FS Miyazawa, 1995, p. 419 (427).

autor.[142] Ademais, indícios de que os atos preparatórios sejam ilegais podem ser extraídos de outras considerações. Por exemplo, por um lado reconhece-se que a legítima defesa preventiva, em decorrência da ausência de uma agressão atual ou iminente – seria possível dizer também: o fato principal iminente (tentativa!) –, não está justificada nos termos do § 32 do StGB. A despeito disso, a doutrina amplamente dominante fundamenta, com auxílio do estado de necessidade (defensivo), a justificação quando a conduta em questão é necessária para afastar, aqui e agora, o perigo da posterior realização do fato principal.[143] Contudo, apenas os perigos que, por sua vez, possam ser vistos como contrários ao conteúdo atribuído pela ordem jurídica podem ser sequer afastados por uma conduta abarcada pelo estado de necessidade. Como na legítima defesa preventiva não se trata, entretanto, de um estado perigoso, e sim – na terminologia do direito de polícia – de um perturbador, a justificação decorrente do estado de necessidade pressupõe a antinormatividade dos atos preparatórios. Os órgãos de segurança também podem tomar medidas contra aquele que contribui com – ou apoia – a preparação de um delito alheio. Finalmente, a ilegalidade da instigação tentada decorre da ameaça de pena do § 30 StGB alemão, e seria completamente equivocado enxergar somente o incentivo ao cometimento de um delito como proibido per se, e não também o incentivo direcionado a uma mera contravenção.

No mais, Jakobs não se mantém fiel às suas próprias premissas. Nomeadamente, ele defende, com plena razão, que a pena pressupõe que o autor, com base nos motivos dominantes fornecidos para o cumprimento da norma, pudesse ter evitado a conduta antijurídica.[144] Contudo, assim a conduta ordenada ao partícipe torna-se irracional, afinal o objeto da proibição não pode mais ser definido *ex ante*, mas apenas *ex post*, após a realização do fato principal: "Você pode auxiliar, pois eu não te proíbo de fazer isso, mas eu proíbo que o autor cometa um delito com o teu auxílio".[145] O ganho que se tem por tornar o partícipe corresponsável pela ilegalidade de outrem, porque não se lhe pode imputar nenhuma ilegalidade própria, não é visualizável.

142. Assim, contudo, Jakobs, FS Puppe, p. 554.

143. Ver por todos Roxin, AT-1, § 15, nm. 27, § 16 nm. 84, com ulteriores referências.

144. Jakobs, AT, 17/19.

145. Ver Sancinetti, Subjektive Unrechtsbegründung und Rücktritt vom Versuch, 1995, p. 293.

Nem toda violação de uma norma de comportamento conduz automaticamente à punição, pois no âmbito da norma de sanção devem ser feitas considerações adicionais acerca da legitimidade da punição. Somente quando a conduta do partícipe teve alguma forma de influência no cometimento do fato principal, o potencial de perigo da participação se confirma.[146] Por outro lado, da compreensão da norma de comportamento dirigida ao partícipe como uma proibição de criar um perigo não decorre necessariamente que a própria participação deva ser formulada como delito de perigo.[147] Em verdade, uma punição geral de participações que não geram consequências não seria plausível, afinal, de uma perspectiva *ex post*, o partícipe não teria dado nenhuma contribuição que tenha sido perigosa para a posição jurídica atingida pelo autor. Para a não punibilidade da cumplicidade tentada, depõe principalmente a não punibilidade dos atos preparatórios realizados pelo próprio autor. Seria uma contradição valorativa se o âmbito de punibilidade da conduta do partícipe fosse mais amplo do que o da autoria, já que esta possui um peso maior. Por outro lado, a punibilidade da instigação tentada é, em princípio, passível de fundamentação. Na medida em que o destinatário da instigação se declara disposto a cometer o delito indicado, a punibilidade do instigador não é mais dilatada do que a do potencial autor. A diferença da instigação sem consequências para a não punível cumplicidade tentada consiste em que o autor busca os meios e as informações faltantes para realizar o delito planejado, mas não consegue se decidir por si mesmo a realizar o delito.[148] O § 30 item 1 StGB compreende, portanto, uma contribuição que não pode ser concebida enquanto ato preparatório (não punível) realizado pelo próprio autor. A punição da instigação tentada pode ser justificada com ainda mais razão quando se exige em relação ao § 26 StGB uma exigência vinculante.[149]

146. Assim também STEIN, Die strafrechtliche Beteiligungsformenlehre, p. 280 e s.; no mesmo sentido anteriormente WELZEL, Das deutsche Strafrecht, 11. ed. 1969, p. 115.

147. Assim principalmente HERZBERG, Anstiftung und Beihilfe als Straftatbestände, GA 1971, p. 1 (6 e s.).

148. JOERDEN, Strukturen des strafrechtlichen Verantwortlichkeitsbegriffs: Relationen und ihre Verkettungen, 1988, p. 127 e ss.

149. Como faz a teoria do "pacto de injusto", ver PUPPE, Der objektive Tatbestand der Anstiftung, GA 1984, p. 101 (112 e ss.); IDEM, Was ist Anstiftung?, NStZ 2006, s. 424 (425 e s.); em sentido contrário SCHÜNEMANN em: LK-StGB, § 26, nm. 10 e ss.; ROXIN, AT-2, § 26, nm. 89.